【正誤表】

本書に下記の通り間違いがありましたので、
お詫びして訂正致します。

■18ページ、1行目

誤　一九六二年六月十二日
↓
正　一九六二年六月十九日

■59ページ、1行目

誤　と。それが
↓
正　と、それが

■70ページ、2行目

誤　つけようとしても。それは
↓
正　つけようとしても、それは

■138ページ、見出し

誤　ビジネスに「　社会的使命」という
↓
正　ビジネスに「社会的使命」という

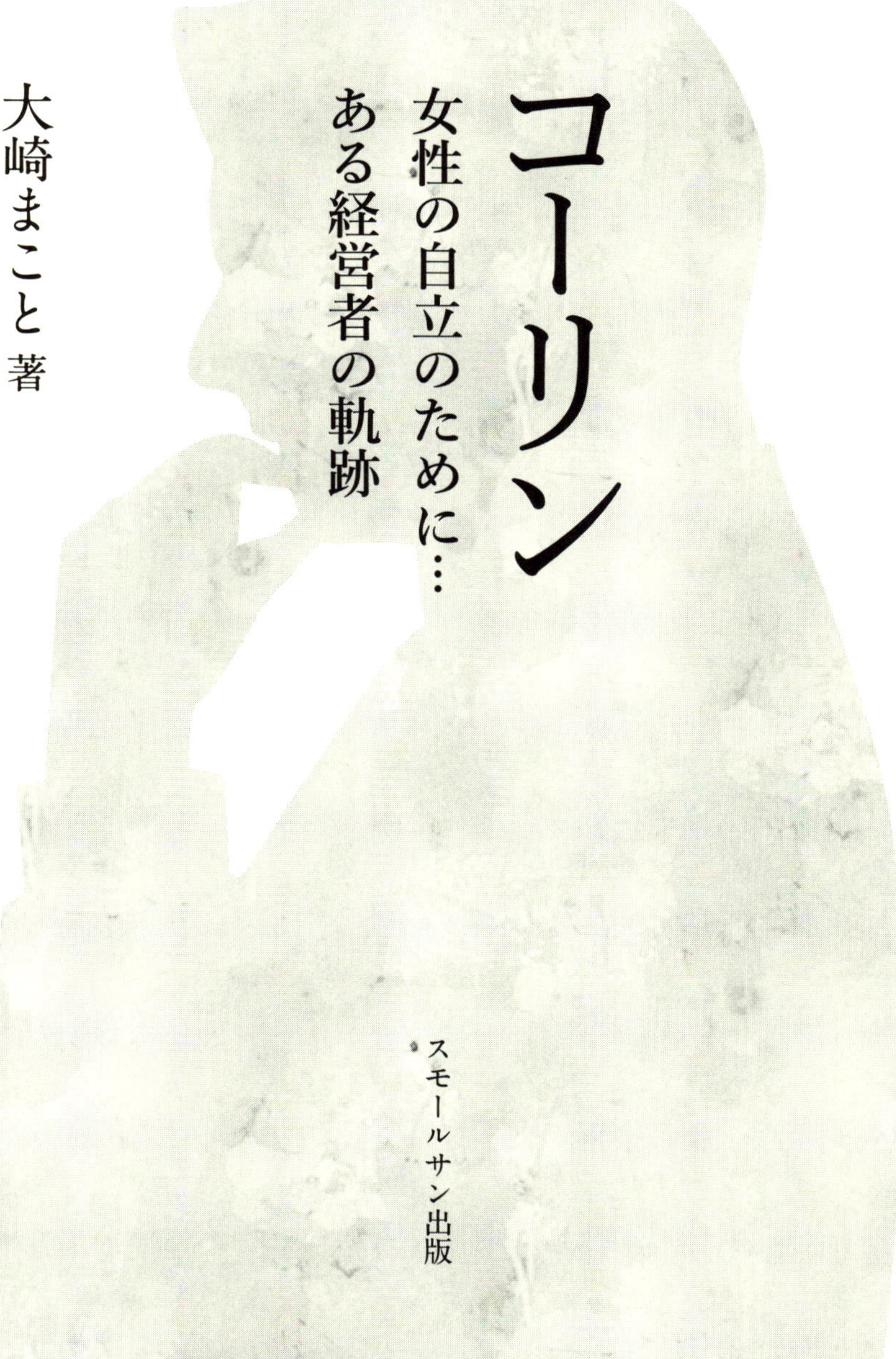

コーリン

女性の自立のために…
ある経営者の軌跡

大崎まこと 著

スモールサン出版

プロローグ

「女性の自立支援こそ、わが〝天命〟」

——女性の自立支援

「これしかない。これで自立しよう。そう思ってこの会社を選びました」

そう語るのは、「MTサロン」を経営するフランチャイズオーナーたち。子育て奮闘中という女性も多く、中には複数店舗の経営を子育てと見事に両立させているオーナーもいる。

MTサロンとは、「ｏｎｄｅ株式会社」が〝のれん分け〟のような形で全国に展開しているスキンケア専門サロン。MTコスメティクス株式会社が製造している「MTメタトロン化粧品」を使用・販売していることから、こう名づけられている。北は北海道から南は沖縄まで現在五十近い店舗があり、そのスタッフはもちろん、オーナーのほとんどを女性が占めている。

どうして彼女たちは、このMTサロンのオーナーという道を選んだのか。異口同音に彼女たちが口にするのは、ｏｎｄｅ株式会社の徹底した「女性自立支援策」である。これは言い換えると、女性が自力で「経済的に自立しよう」とすることがいかに難しいかを示すものでもある。

――出産で仕事を諦める女性が六割

日本の女性の就労率を年代別に見てみると、二十代後半から三十代前半に就労率が大きく低下している。グラフにすると、ちょうどM字のようになるので、これを「M字カーブ」という。出産とともに会社を辞めてしまう女性が多いことを示すものだが、内閣府の調査でもそういう女性が六割にも上ることが明らかになっている。

「育児休業制度を活用すれば？」と思う人もいるだろう。しかし、「人手不足なのが分かっているから言い出しにくい」、「職場の風当りが強くなる」、「戻ってきたときに居場所がない」など、結局申請をしないまま会社を辞めてしまう女性が少なくない。

仕事を続けることへのハードルは復帰後もつきまとう。子どもの運動会や授業参観、病気で急に熱を出した時など、子育て中の女性は会社を休まなければならないことが多い。そんなことがたびたびあると、会社との折り合いもつかなくなって、仕方なく退職。時間の融通がききやすいパートに……となってしまう。

その結果、それまで働き続けたキャリアも途切れてしまう。子どもが大きくなってから正社員になろうと思っても、再就職は容易ではない。当然、生涯所得も大きく減ってしまう。日本はまだまだ、女性が経済的に自立するのが難しい国なのだ。

――「手に職をつける」だけでは万全ではない

女性に自立を可能にするものとして、決まって言われてきたのが「手に職をつける」というもの。しかし、これもけっして万全ではない。

たとえば、美容学校に通って国家資格を取得し、ある程度お店で「修行」すれば美容師としての専門技術は身に付けられる。しかし、「やがては独立して、自ら美容院経営を」となると、これはけっして簡単ではない。「コンビニや郵便局よりも多い」といわれているのが美容院。廃業に追い込まれる美容院はあとを絶たない。生き残りをかけた戦いは熾烈だ。

そもそも美容師としての専門技術を身に付けることと、美容院を経営するノウハウを身に付けることはけっして同じではない。経営者としての能力を育てる仕組みが求められている。

――「お互いさま」精神が〝しなやかな職場〟を作る

さて、ＭＴサロンに話を戻そう。ここで働く女性たちの経歴は様々。他の化粧品会社でサロン経営の経験を持つ人もいれば、もともとは客としてサロンに通っていただけで専門知識も経営知識もなかったという女性も驚くほど多い。十代の若者から小さな子どもを抱えたシングルマザー、さらには子育てを終えた六十代の女性まで様々な年代の女性たちが働いている。

ＭＴサロンは「完全シフト制」だ。「この日は午前中だけ」、「この日は一日お休み」など、それぞれがそれぞれの都合をあげてシフトを決めていく。それでも職場が成り立つのは、そこに「お互いさま」の「企業風土」があるから。

子育てや介護など、女性が背負いがちな事情をスタッフお互いが理解している。「それならしょうがないね」「私のときも大変だった」など、お互いの事情を理解し合おうとする空気が漂っている。この「お互いさま」精神が、女性にとって働きやすい「しなやかな職場」を作り出しているのだ。

──リスク極小で独立、徐々に自立的な経営者に

ＭＴサロンの最大の特徴は、なんと言ってもそのきめ細かい「自立支援」にある。独立してサロンを開くとなると、当然のことながら販売する化粧品を仕入れなくてはならない。「どれくらい仕入れればいいのか」。これを決めるのがなかなか難しい。特に独立当初は、オーナーが客の動向を読みにくい。「多く仕入れすぎて、過剰在庫を抱えてしまう」というケースも少なくない。

そこでｏｎｄｅ株式会社では、独立当初は委託販売の形式をとることで、サロン側が化粧品の仕入れをする必要をなくしている。経営者が顧客動向を読めるようになるにしたがって、「委託販売」から「仕入れ」へと移行していく。女性たちが、リスクを極力負わないで独立できるようにする仕組みになっている。

その他、加盟料やロイヤリティーといったものも必要ないし、店舗を運営するのに必要なコンピューターシステムやクレジットカードの使用についても、その使用料は全部ｏｎｄｅグループが負担するため、サロン側が支払うことは一切ない。

——金融機関との交渉テクニックも〝現場指導〟

女性の多くが苦手意識をもっているのが〝経営ノウハウ〟。もちろん、これについてもｏｎｄｅ株式会社は徹底的にサポートする。まずは経営講座を開いて、経営者として必要な会計知識や事業計画の立て方を一から教えていく。さらに、作った事業計画書をｏｎｄｅ内で十分に審議して改善点を洗い出し、ともにブラッシュアップしていく。

事業計画書ができ上がると、次に必要になるのが事業資金の調達。地域の銀行や政策金融公庫からどのようにして資金を借り入れるか。そのために金融機関にどのようにして信用してもらうか。金融マンを相手にサロン経営者が実施するプレゼンテーションについても、ともに練り上げていくという入念さである。

ｏｎｄｅ株式会社の松波正晃社長は、独立を目指す女性と共に金融機関に出向き、その場で実践的な指導まで行なう。この徹底ぶりは、通常のフランチャイズサロンではとても考えられない。

その松波社長は言う。

「重要なのは、彼女たちがちゃんと自分の力で経営して食べていけるようになることです。

そうして彼女たちが自立した経営者になってくれれば、今度はその地域でさらに女性の雇用が増えますよね。これは女性の自立の〝連鎖〟を生むための仕組みづくりでもあるんです。だから、オープンしたけど続かなかったでは意味がない。オープンするだけだったら誰でもできますから」

――過酷な人生体験を経てこそ知った〝天命〟

オーナーたちは独立後も、松波社長と共に経営者としての「学び」を続ける。顧客創造、人材育成、経営者として知っておくべき経済情勢など、オーナー会議は多くの場合ほとんど「経営者塾」と化してしまう。

松波社長は筆者にこう語った。

「私はある時期から、女性の自立を支援することこそが自分の〝天命〟だと感じるようになったんです」

筆者が目の当たりにしたMTサロンのオーナーたちの笑顔は、松波社長がたどり着いたそんな「悟りの境地」の裏返しでもあるのだ。

そこで、こう尋ねてみた。

「松波社長をして、そんな境地にいたらしめたものって一体何だったんですか」——実は、筆者のこんな何気ない質問をきっかけに生まれたのが本書なのである。

この質問に答える形で、松波社長が筆者に語ってくれたのは、同氏の驚嘆に値する「波乱万丈の人生」だった。松波氏は、経営者として「倒産の危機」を体験しただけではない。一人の人間として「生命の危機」にさえ何度も晒され、そのたびに勇気と不屈の精神で危機を乗り越えてきた。同氏が知った「天命」は、そのすさまじい生き様と不屈の経営者魂に応えて神が同氏に与えたものに違いない、とさえ思った。

自立を望む女性たちはもちろん、厳しい経営環境を生き抜くべく日々頑張っておられる経営者諸氏や多くのビジネスマンの方々のためにも、本書を世に問いたいと思った。この試みは、一経営者の「個人史」を著すにとどまらない社会的な意義をもつ。そう確信したからである。

目次◉コーリン――女性の自立のために… ある経営者の軌跡

プロローグ 「女性の自立支援こそ、わが〝天命〟」――3

女性の自立支援／出産で仕事を諦める女性が六割／「手に職をつける」だけでは万全ではない／「お互いさま」精神が〝しなやかな職場〟を作る／リスク極小で独立、徐々に自立的な経営者に／金融機関との交渉テクニックも〝現場指導〟／過酷な人生体験を経てこそ知った〝天命〟

第一章 波乱の少年期――17

〝裕福な家庭のお坊ちゃま〟から夜の繁華街で〝カラオケ機器を売り歩く高校生〟へ

裕福な家庭／コンプレックス／見栄っ張り／一変した生活／〝見栄っ張り〟が功を奏する／夜の繁華街でカラオケ機器を売り歩く毎日／「母さんは幸せなのだろうか」／人生で一番「心が痛んだ」瞬間／母のために

第二章　絶望の淵から這い上がれ！――33
〝足で稼ぐトップセールスマン〟を襲った〝歩けなくなる難病〟
製薬会社へ就職／全国トップのセールスマンに／配置薬営業で磨きがかかった「ビジネスセンス」／〝恩人〟との出会い／東京支店勤務へ／とてつもなく「高い壁」／「喜んでくれる人がいる」という喜び／〝働くことの意味〟が変わった／ようやく掴んだ「安定」／結婚／突然の激痛／〝バージャー病〟～下半身に血が巡らない～／絶望の淵へ／「絶対見捨てない」／恩人の死／難病を抱えながら続けた営業／目の前の課題を一つ一つ越えて行く／ちょっとでも自分を甘やかしたら、心が折れてしまう
第三章　したたかに学べ！　歩みを止めるな！――61
難病を抱えながら起業を果たすも、心血注いだ新店舗を放火で失い、「二度目の絶望」
赤字会社の建て直し／「次の打つ手」を求めて／片手間で始めた「化粧品ビジネス」／

「サロン一号店」の店長／〝体験〟の中に〝答え〟がない！／「学びの場」を求めて／〝アントレ会〟への加入／山口教授との出会い／「引き算が個性をつくる」／「私たちは客に感動を与えられているのか」／経営者の〝学び〟が会社成長の〝原動力〟と知る／「化粧品ビジネス」を本格展開／放火～もう首を括るしかないのか～／口から飛び出した意外な言葉／支えてくれた「仲間たち」／したたかに学び、歩みを止めない

第四章　「不断の挑戦」が危機を救う！　89
突然の納品停止による〝会社消滅の危機〟を、新たな〝飛躍のバネ〟にした「経営者魂」

ふと湧いた〝疑念〟／先を読む力／「医療」と「美容」／『大須ビューティークリニック』の開院／キーワードは〝隣接異業種への挑戦〟／〝アントレプレナー〟な経営者たち／またしても予期せぬ挫折／「より進化した美容」を求めて／ＭＴメタトロン化粧品との出会い／理想を共有できる仲間／「ブーム」から「緩やかな衰退」へ／衰退が生む「歪み」／残存していた「悪しき慣習」／女性オーナーたちの「反乱」／懸命に働く女性たちが割に合わない思いをするのはおかしい！／突然の納品停止／メーカーの「誤解」／「何のための会社経営なのか」／ＭＴサロンへの業態転換

第五章　ビジネスに「社会的使命」という〝魂〟を入れる！――125
和解直後に襲った心筋梗塞／成功することで「正しさ」を証明する／「信念の経営」／コーリン（天命）／自分に下された〝天命〟とは／天命を知れば、「やるべきこと」が見えてくる／自立した〝経営者〟を育てる／ビジネスに「社会的使命」という〝魂〟を入れる／広がる〝共感〟の輪／女性たちの主体的参加／美容業界の原点

エピローグ――147
〝自立〟の連鎖／受け継がれていく〝想い〟／神様のプレゼント

第一章

波乱の少年期

〝裕福な家庭のお坊ちゃま〟から
夜の繁華街で〝カラオケ機器を売り歩く高校生〟へ

——裕福な家庭

一九六二年六月十二日、松波正晃は名古屋市の裕福な家に生を受けた。大きな家に住み、立派な外車を持ち、家族の身の回りの世話は家政婦がしてくれる。休日になれば家族揃って別荘で過ごすという優雅さ。これだけでも、その裕福ぶりは十分に伝わってくる。

玩具会社を経営していた父親は世話好きで、業界の役員なども務めていた。月二回の定例会は松波の自宅で行われていて、父の商売仲間たちが数人代わる代わる訪れては、松波には分からない何やら難しい商売の話をして帰っていく。そんな彼らに随分と可愛がってもらったことも彼の幼少期の鮮明な記憶の一つだ。

母親は優しく献身的な女性で、父の会社を手伝って朝から晩まで働いていた。昼は会社で働き、夜九時近くに帰ってきてから家事をこなす。それでも松波は、母が文句や愚痴をもらすところを一度も見たことがなかった。

松波には二歳上の兄が一人いた。彼はプロの歌手を志して、中学三年生にして地元のコンテストにも出場。結果は見事優勝だった。結果的にデビューはかなわなかったものの、

ミュージシャンを目指したコンテスト

昭和を代表する大物作曲家に弟子入りして、歌手修行のために上京までしていた。

――コンプレックス

裕福で、幸福な家庭の〝お坊ちゃま〟。それは間違いなかった。

けれど、その一方で松波は、自分を「どうしようもない人間だ」と考えていた。その大きな理由は、才能豊かな兄の存在にある。

兄が歌手を志したように、松波もまた音楽が大好きだった。その実力は友達と組んだバンドで、当時ヤマハが主催していた『ミッドランド』というコンテストに出場して入賞したほど。普通に考えれば十分誇れる実績だが、プロに片手をかけていた兄に比べれば、自分は所詮アマチュア。コンプレックスは払拭できなかった。

男兄弟といえば、ケンカがつきもの。幼い頃から親がいないときには殴る蹴るのケンカが日常だった。しかし、そのほとんどは一方的なもので、兄に力で敵うことはできなかった。子どもにとって「二歳の差」は大きいのだ。松波が兄に殴られなくなったのは高校生になった頃。体が大きくなり、二人の力が拮抗し始めたからである。

そして何よりも、封建的な考え方がまだまだ強かった時代、松波の家には「長男と次男の扱いの差」がはっきりと存在していた。会社を経営する父にとって長男は何より大事な跡継ぎであり、次男との扱いの差は誰の目にも歴然としていた。

母方の祖父の家に行った時など、同じ孫であっても次男である松波は祖父と一緒のテーブルで食事をさせてもらえず、別の部屋で祖母とともに夕食をとらなければならなかった。祖父と一緒に食事ができるのは〝長男〟だけなのだ。

――見栄っ張り

この兄の存在は、彼の心に大きな自己嫌悪を生むとともに、彼を〝見栄っ張り〟で負けず嫌いの性格に仕立て上げた。

自分は次男坊であり、兄を越えるような才能もない。家族や周囲の人間の注目を引こうといつも大口をたたいていた。しかし、そうすればするほど、「結果」を出さなければならなくなる。いやがうえにも頑張らなければならなくなる。

何度押しつぶされそうになっても這い上がってみせる松波の「生命力」は、まさにこの時期にこそ形成されたのではないか。

実際、当時の松波を知る人々が語る彼の印象は、「どうしようもない人間」という自己評価とは大きく異なっている。「何かをやりたいと思ったなら、自分で計画を立てて着実に実行していく。そのために役に立つのであれば、何事も率先して学んで吸収するタイプだった」と。ただし、「努力している姿を見せることは徹底的に嫌っていた」ともいう。見栄っ張りで負けず嫌いの頑張り屋。それが少年期の松波の実像だったといえる。

彼のそうした性格を熟知していたがゆえに、松波の母親は、その後も彼がやろうとしたことに反対をとなえたことがない。

松波から母親が相談を受ける頃には、既に彼の中で綿密な計画が立てられていて、ちゃんと先々のことまで考え抜かれている。負けず嫌いなところは強かったが、だからこその慎重さと最後までやり遂げる実行力を備えていたと語っている。

そんな彼に、思いもよらない苦難が襲い掛かる。松波が高校二年になったばかりの頃である。

――一変した生活

父親の経営する玩具会社が倒産の危機に陥ったのだ。

それまで親しくしていた父親の商売仲間たちは、手の平を返すように去って行ったという。「仲間は誰一人助けようとしてくれない。それが何よりも悔しい」と、父は声を震わせていた。「当時まだ高校生だった私には詳しい事情は分かりませんでしたが、気丈な父が涙した姿は今でも目に焼き付いています」と松波は当時を振り返る。

住んでいた大きな家は明け渡し、会社の倉庫の二階が家族の住まいになった。天井は鉄骨とトタンの波板、床下には不良在庫と化したおもちゃの山。休日に別荘に行くどころか休む暇もなく、大量の不良在庫をトラックに積み込んでは家族全員で問屋を回った。まだ高校生だった松波もまた、「在庫を買ってくれませんか」と大人を相手に頭を下げて回ったという。

――〝見栄っ張り〟が功を奏する

それでも生活は楽になるどころか、借金取りに追われるまでに悪化を辿った。何とか高校は中退せずに済んだものの進学は断念せざるを得ない。それどころか、家族の生活費を稼ぐため、高校生活と並行して働きに出なければならなくなった。

「間違いなく世をすねていた」と松波は当時の自分を表現する。

しかし、そんな厳しい現実のただ中におかれても、彼はグレて人の道を外れるようなことはなかった。

「どんな状況でどんな理由があろうが、人から〝かわいそう〟と思われたくなかったんです」と彼は言う。

悪さをして恐れられるならまだしも、「かわいそうな子だから」と同情されることだけは我慢できなかった。〝見栄っ張り〟で負けず嫌いな彼の性格が「いい方向」に作用していた。

——夜の繁華街でカラオケ機器を売り歩く毎日

松波は、当時流行し始めていたカラオケの機器を販売する会社で、営業として働き始めた。昼間は学校、夜は繁華街でカラオケ機器販売の営業。それが松波の高校時代の毎日だった。

十代半ばからビジネスの世界に飛び込んだことは、その後の彼の人生にとっては大きなアドバンテージになったと言える。しかし、それはあくまでも過去を振り返った時に初めて言える言葉だ。

「当時私が通っていた高校は、ある大学の付属高校でした。当然、ほとんどの生徒が大学へ進学するのは当たり前という雰囲気です。ある日のホームルームで担

松波がカラオケ機器を売り歩いた街、柳ケ瀬

任の教師が就職を希望する生徒に手を挙げさせたんですが、教室の中で手を挙げたのは、やはり私一人だけでした。教師に悪意があった訳じゃないことは分かっていますが、それでもこの出来事は今でも当時の辛い記憶として刻まれています」

受験勉強や部活動に励む友人達を尻目に逃げるように帰宅して、夜の繁華街でカラオケ機器を売り歩く。スーツを着込んで、髪を撫でつけ、スナックで十七歳の少年がまるでホストのように歌を歌っては、大人を相手に何十万というカラオケ機器を売り込む。

当時のカラオケ機器

当然冷たくあしらわれることも日常茶飯事だったけれど、その一方で良くしてくれる人も多くいた。ある日、機器を販売したスナックのママから会社に電話が入り、松波が呼び出された。「クレームか」と戦々恐々としながらも、上司に命じられるまま彼女の店を訪れると、「あそこの店のママに紹介しておいたから行っておいで」と言われた。そこからさらに他の店の紹介も受け、多くの店でカラオケを導入してくれた。

「当時世話になった人たちのことは今でも忘れられません」と松波は言う。

こうして彼は夜の街で順調に業績を上げ、高校生という若さでその営業力を開花させていった。

――「母さんは幸せなのだろうか」

カラオケ機器の営業の仕事は、松波が高校を卒業してからも続いた。空いた時間には父親の会社の残務整理を手伝い、昼となく夜となく街を駆け回るハードな日々。

松波が当時のことを知り合いに話すと、決まってこう言われるという。

「よく道を踏み外さなかったね」

たしかに夜の街で大人を相手に仕事をしていれば、いろいろな生き方の人間たちと出会う。松波ほどの才覚と度胸をもってすれば、夜の街で生きていくこともできたかもしれない。彼がそうしなかったのは、その見栄っ張りな性格によるだけではない。

そこには、母親への想いがあった。

松波の母の生家は、地元の長者番付に載るほどの名家だった。「普通」の家柄である父とは恋愛結婚で、当時周囲の風当たりはかなり強いものだったようだ。それも発奮材料となってか父は会社を大きくすることに成功した。しかし、その結果、母は名古屋市の柳橋にあった店舗の店長として働くことになり、家に帰るのは毎日九時過ぎという生活を送ることになった。

しかも、父は結局会社を長くもたせることはできなかった。和議申請が通ったことですぐにも倒産するという危機は免れたけれど、母は受け継いだ土地も手放すことになってしまった。それでも常に父を立て、一緒に資金繰りに奔走し、着物から何から自身の持ち物をすべて質屋に入れて生活を支えていた。良家の娘として生まれながら、松波が知る母は常に苦労の渦中にあった。

「母さんは幸せなのだろうか？」

身を粉にして働いても、その苦労が報われない現実。松波は母の姿を見ながら、そんな疑問を抱かないではいられなかった。

だからこそ松波は、現実がどれほど厳しいものであろうとドロップアウトすることはできなかった。良家の生まれである母方の親族は厳しく、会社を傾かせた父と芸能界を目指した兄、さらに松波が夜の世界に身を置けば、「松波家は遊んで駄目になった」と言われるのは目に見えている。文句ひとつ言わずに苦労を続ける母に、これ以上肩身の狭い思いをさせることも心配をかけることも松波にはできなかった。

——人生で一番「心が痛んだ」瞬間

後年、倒産の危機を乗り超えた父の会社は、歌手修行から名古屋に戻ってきた兄へと引き継がれた。当時世間は空前絶後のラジコンブーム。兄が空いていた店舗でラジコンショップを始めたところ莫大な利益を上げ、会社は飛ぶ鳥を落とすような勢いで再成長を遂げたという。そのときも、店を空けがちな兄に代わって店頭で働き続けたのは母であった。

しかし、趣味の世界というものは、ブームが去ってしまえば恐ろしいほどあっさりと景気が悪くなる。十億前後あった売上も瞬く間に急落し、やがて会社は父の時代と同じ経緯を辿った。

そのときの出来事は、今でも松波の中に暗い影を落としている。

父が松波のもとを訪れ、借金の保証人になってくれと頼み込んだのだ。そうすれば兄の会社が助かるから、と土下座までしようとしたという。

しかし、その借金に返すあてなどはなく、一時しのぎにしか過ぎないものであることは明白だった。倒産寸前の会社に持ち込まれてくる融資話の条件がどんなに酷いものであるかも、それまでの経験から痛いほど分かっていた。

その時すでに松波は自身の会社を立ち上げ多くの従業員を抱えていて、もし保証人になれば兄一人のためだけに、松波自身だけでなく妻や娘、そして従業員までも路頭に迷わせる危険を冒すことになる。

結局、松波は父の頼みを断った。今でも間違ったことをしたとは思っていないと彼は言うけれど、それでも人生で一番辛い瞬間だったと当時を振り返る。

この父との出来事の後、松波は母を呼んで詳しい話を聞いた。

すると母は、会社の資金繰りのために夫婦二人の年金まで担保にしているのだと言う。それは松波に大きな衝撃を与えた。自分たちで長年積み立てて正当に受け取れるはずの年金まで他人に取られるなんておかしいだろう。父はかつて会社の借金を返済するために高校生の松波にカラオケ機器販売をさせたのと同じことを繰り返そうとしている。

「もうこれ以上はいいんじゃないか……？　後の面倒は自分が引き受けるし、何かあったときには世話もするから、とにかく一度よく話し合って考えてほしい」

松波はそう説得し、会社を手放すことを提案した。

そうして遂に会社が倒産にいたるその日まで、母は父を支えて働き続けたという。文句ひとつ言わずに尽くし続ける母。次男坊特有のひねくれ感ともいえるものを持つ松波にとって、自分は幼少の頃から兄の〝次〟の存在であり、母親は甘えたいけれど甘えられない存在だった。そんな絶妙な距離感から見続けた母親の姿。それが彼の人生観に大きく影響したことはいうまでもない。

――母のために

松波の中での母親の存在の大きさは、彼の会話の端々からも伺うことができる。

現在、松波の両親は彼が主に面倒を見ている。兄とは会社が倒産してから一度も顔を合わせていないという。父は脳梗塞で二度倒れているが、入院やリハビリの手配などすべての世話を松波が行なった。

「父が寝たきりになってしまえば、母は無理をしてでも面倒を見続けます。それだけは絶対に避けたいですから」と彼は言う。

それでも、自分が次男であるという現実は重く松波にのしかかっている。

高齢になった両親のために住みやすい家を用意したいと、松波はマンションを購入しようとしたことがある。立地や日当たりなどできる限り条件のいい物件を見つけて紹介すると、母はずいぶんと喜んで「すぐにでも住みたい」と言ってくれた。父もまた喜んでくれたようで、話はとんとん拍子に進んでいった。

しかし、後は契約をするだけという段階にまでいたったとき、父が突然キャンセルしてしまったのだという。「長男がいるから」というのが父の答えだった。母もまたそれに文句を言うことはできず、結局そのままマンションの購入はなかったことになってしまった。

現在松波は、両親が亡くなったときには良い送り方をしてあげたいと思う一方で、次男である自分が喪主を務めることはできないのだろうと頭を悩ませている。次男だから責任を負う必要はない、という発想は彼の中にはないのだ。この強い責任感こそが、彼を突き動かす原動力なのだろう。

母に喜んでほしい。

母のために何かをしたい。

この母親への想いが、「女性の自立支援」を自身の〝天命〟とまで感じさせる彼の使命感の「原点」にあることは想像に難くない。

第二章

絶望の淵から這い上がれ！

〝足で稼ぐトップセールスマン〟を襲った〝歩けなくなる難病〟

――製薬会社へ就職

否応なく飛びんこんだビジネスの世界で営業力を磨いた松波は、二十歳になる頃、「常盤薬品工業株式会社」という大阪に本社を置く配置用医薬品メーカーに就職した。

ある日、カラオケ機器販売の顧客だったスナックのママに、同社の名古屋支店長を紹介されたのがきっかけだった。よく飲みにきているというその人物は営業マンを探していたらしく、ママが松波のことを話したところ、会ってみたいと言われたのだという。

その頃は父親の会社の借金返済もようやく落ち着いてきた時期で、松波もいつまでも夜の仕事をしている訳にはいかないと感じていた。母を早く安心させてやりたかったし、それまでの仕事よりも実入りが良さそうだということもあって、彼は二つ返事で常盤薬品への就職を決めた。何しろ営業力には自信がある。

ところが、松波が最初に配属されたのは「倉庫」と呼ばれる商品課であった。大卒ばかりの新入社員の中では仕方ないことなのだろうが、何十万という高額なカラオケ機器の販売で実績を上げていた松波には不当な配置に感じられる。朝に出庫の伝票を書き、商品を用意しては営業マンを送り出す毎日。そんな日々が一年ほども続いた。

――全国トップのセールスマンに

松波に飛躍のチャンスをもたらしたのは、同社が開始しようとしていたあるドリンク剤の全国セールスキャンペーンだった。それまで薬品事業部と配置事業部しかなかった同社に新たに食品事業部が立ち上げられ、その看板商品としてドリンク剤が新開発されたのだ。

その日、松波は営業課長に運転手として駆り出された。そして、いつもの営業車よりも大きな車にしこたまドリンク剤を積み込まされた。車中で課長から聞かされたのは営業の基本ルールのみ。その後数件の営業先を課長と一緒に回って営業トークを見て学ばされ、その日の内にはすべてを任されてしまった。

普通なら「それはないだろう」と尻込みしそうなものだが、そこは松波。その日から三日間、夕方五時までの勤務時間内に、大量のドリンク剤が積まれた車を見事に毎日カラにしてみせた。まさに本領発揮。結果、堂々全国一位の成績を収め、彼の名は社内でも有名になった。

こうして周囲からも注目される存在となったある日、松波は取引先の会社へ長期間の出向を命じられた。

そこは、岐阜県にあるコトブキ薬品株式会社。この会社は卸売がメイン事業ではあったが、その一方で配置薬販売の独立支援を行なっていた。つまり、松波にそこで修業をしろということだ。

――配置薬営業で磨きがかかった「ビジネスセンス」

それからは、毎日五時起きで自宅のある名古屋から岐阜まで通う生活になった。配置薬の歴史や効果的な営業の仕方を徹底的に叩き込まれ、独立した人たちに同行させてもらうことで実践を積み、松波はその営業力をさらに磨いていった。

修行の中で特に強く教え込まれたのは、商品を売るためには自分が誰よりも商品のことを知っていなくてはいけないということ。「この薬を置いて下さい」では営業なんて成り立たない。「こういう効果があってこんなにも良い薬があるんですが、御存知ですか？」と言えなくてはいけない。松波は仕事が終わった後も会社に残り、医薬品の講習を受けて薬の成分や効果効能を学んだ。そのため、自宅に戻るのは毎日深夜という生活が続いた。

また、コトブキ薬品の冨士社長が行なっていた独立支援は、後々までも松波にとってビジネスの根幹となっている。資本を出して一年から二年かけて人を育てた後で、暖簾分けとして独立させる。自社との取引を条件とする代わりに、それだけでも十分食べていける数の顧客をそのまま引き継がせる。問屋と独立した人物との間には、契約関係以上の人間関係、又は信頼関係と呼べるものがたしかに存在していた。今では大きく膨れて崩壊しかけているフランチャイズシステムの、本来の魅力と目的こそがそこにあるのだ。

この修行期間での経験は、営業力にさらなる磨きがかかったという意味でも、「人を育てて独立させる」というビジネスモデルを知ったという点でも、現在松波が展開するビジネスの〝基礎〟となっている。

——〝恩人〟との出会い

問屋での修行が一年ほども続いたある日、松波に大きな転機が訪れる。

その日松波は、名古屋へ出張に来る常盤薬品東京支店長の山脇氏の運転手を務めるよう命じられ、朝から名古屋駅へ向かった。改札口で山脇支店長を出迎えた後、車では当然後ろに座るものだろうと思い後部座席のドアを開けて待つと、驚いたことに山脇支店長は自ら助手席のドアを開けて乗り込んできた。

彼はその日の移動中ずっと助手席に座り、商談先まで送る間、また名古屋駅へと戻る間、車中でずっと松波の話を聞いてくれた。セールスキャンペーンでの営業やコトブキ薬品での修行、そもそも松波が働きはじめたきっかけ……。話を聞いた山脇支店長は、いたく松波を気に入ってくれた様子だった。

すると翌朝、松波の東京支店勤務の辞令が届いたのである。後に見るように、この山脇支店長との出会いが、松波の「職業観」に決定的な影響を与えた。

――東京支店勤務へ

この東京支店の設立は、常盤薬品にとって大きな挑戦だった。

その頃はドラッグストアーが多店舗化を進めていた時代で、どこも顧客囲い込み戦略の一つとして配置薬事業を積極展開しようとしていた。一方、常盤薬品は配置薬では業界トップを誇っていたものの、薬局や薬店での取り扱いは皆無という状態。

置き薬

そこで、「配置薬をやりたい」という市場の動きと自社の配置薬事業での強さを武器にして、自社のＯＴＣ医薬品（処方せん無しに購入できる医薬品）ブランドの販売を東京のドラッグストアーで展開しようとしていた。その足掛かりとして立ち上げられたのが東京支店だったのだ。

当時、プロの業者に依頼して配置薬を営業してもらった場合、一件につき三千円ほどの手数料を支払うのが相場。しかし、依頼する相手が医薬品メーカーなら、その会社の商品を各店の店頭に並べてやるだけでいい。手数料を支払う必要はない。ドラッグストアー側にとっては好都合であり、メーカーである常盤薬品にとっても店舗販売に進出する絶好のチャンスとなる。

しかし、それには一つ大きな問題があった。東京という土地柄だ。

そもそも東京は、配置薬の販売が難しい地域だと言われている。一日かけて営業に駆け回ってもせいぜい二個置ければいいところ。五人の営業マンを使って一日十個置いたとしても、その内半数は返品になるのだという。

また、地方とは異なり、他人が玄関内に入ること自体に警戒感が強い。訪問しても話を聞いてもらえることの方が少なかった。これは事業所でも同じ。営業マンが突然押しかけても話さえ聞いてもらえないことが多い。

こうして大きなミッションを課せられた山脇支店長は、新たに配置薬事業を始めたミネ薬品という多店舗展開を進めているドラッグストアーとの間で契約を結んだ。

その内容は、東京でなんと置き薬一万個を配置するというもの。

そこで、会社の新事業を賭けた挑戦であるこのミッションのために、拡張部隊が組織された。既存の営業マンが六名と、大学を卒業したばかりという体育会系の新卒が六名。松波は二十二歳にして、その部隊長に抜擢されたのである。

「一社員だった当時は気が付きませんでしたが、今にして思えば問屋に営業修行へ出されたのも会社の事業戦略の一つだったのだと思います」

この東京支店への移動が、松波にとって実に大きな転機となった。

――とてつもなく「高い壁」

ただでさえ難しい土地と言われる東京で一万個の配置。松波が率いる拡張部隊が十二名、ミネ薬品が立ち上げた配置薬販売の子会社は社員十名、わずか二十二名でそれまで誰も達成したことのない目標への挑戦がスタートした。

配置薬の営業では、販売員が消費者の家庭や事業所を訪問し、まず医薬品の入ったいわゆる救急箱を置かせてもらう。この段階ではもちろん金銭は発生せず、次に訪問した時にそれまでに使用した薬の代金を集金するというシステムだ。置くだけで使用しなければ当然無料なのだが、これがなかなかハードな仕事なのだという。

たとえば歩行者がすれ違いざまにティッシュを差し出された時、無料だからといっても全員が受け取るわけではない。ましてや置き薬の場合置いておくだけであれば無料だが、使えば支払いが発生する。話を聞いてもらうどころか、ドアすら開けてもらえないのが普通。開口一番怒鳴られるなんてことも、日常茶飯事だ。

一万個という目標はとてつもなく「高い壁」だった。開始早々、拡張部隊のうち四名が退職してしまったという。

松波もまた、このミッションの難しさを痛感していた。

何しろ関わる人間は拡張部隊の部下たちも含めて全員自分よりも年上。部隊長として「なめられる」訳にはいかない。「なめられない」ためには誰よりも多く契約をとらなくてはいけない。

重いプレッシャーを背中に感じながら毎日誰よりも多くの家庭を回り、仕事が終わった後も会社に残って毎夜商品について徹底的に勉強した。ミネ薬品の子会社の社員たちは配置薬に関しては初心者。毎朝松波が商品について、彼らに一つずつ丁寧に説明をした。だから、勉強は欠かせない。成分や効能について質問されたときに答えられなければ、それこそなめられてしまう。

――「喜んでくれる人がいる」という喜び

そんなハード極まる日々の繰り返しでも、松波の心が折れることはなかった。

「山脇支店長に〝惚れて〟いたからです」と松波は言う。

「私が営業結果を報告すると、山脇支店長はいつも褒めてくれたんです。日報などはまったく見ないで、途中経過なども一切たずねないまま、ただ私の話を聞いて『良かったな』と言ってくれるんです。私はそれが本当に嬉しかった」

「数字」だけではない。その日の出来事を話すと、山脇支店長はそれも嬉しそうに聞いてくれる。次第に松波も細かな経過報告などはしなくなり、その代わりに「今日は訪問先でこういう人に出会った」、「こんな面白いことがあった」という話をするようになっていった。

また、こんなこともあった。通常なら達成不可能だと却下されるような営業目標を松波が設定しても、山脇支店長は「無理だ」とか「無謀だ」などとは一切言わない。たった一言「できるのか？」と松波に問うのだ。松波が「できる」と答えると、「お前が言うならできるんだろう」と、それ以上何も言うことはなかった。

「この人は、自分を全面的に信頼してくれている」。そう感じることが嬉しかった。

「私は、いつしか自分が山脇支店長に褒められたくて頑張っていることに気がつきました。自分がどれだけ働いて、その見返りとしてどれだけ多くの給料を貰っているのか。そんなことよりも彼の信頼に応えたかったし、彼の喜ぶ顔が見たかったんです。彼が『よかったな』と言って喜んでくれるのが嬉しくて、一戸でも多くの家を回って契約を取ろうと頑張りました」

部隊のメンバーが苦労して「一日にやっと一つか二つの契約を取れる」という状況下で、松波は毎日十五件の契約を取り続けた。その結果、一万個という目標もわずか十ヶ月で達成してしまったのだ。その甲斐あって、当初の計画通り、東京の大きなドラッグストアーの棚にも常盤薬品の商品が並ぶようになった。

――〝働くことの意味〟が変わった

その後、松波は販売促進の部署へ異動となった。販売力の弱い地方へ出張してテコ入れを担当するのだが、これもまた厳しい仕事だったという。時には冬の新潟で三メートルも雪が降り積もるなか、救急箱片手に各家庭を回ることさえあった。営業未開拓の土地、苦労して訪問した先で冷たくあしらわれることも日常茶飯事だった。

しかし、そこでも山脇支店長の存在が松波を支え続けた。携帯電話の無い時代、公衆電

配置薬の営業時代

話に十円玉を何枚も入れて山脇支店長に報告の電話をする。それが夜十時だろうと十一時だろうと彼はいつも待っていてくれて、松波の報告を聞いては「松波頑張ったなぁ！」と喜んでくれた。たったそれだけのやり取りで、苦労などまるで無かったかのように疲れも消え失せ、明日も頑張ろうと思えた。

そうして気が付けば更なる実績を上げ、東京勤務になってからわずか二年ほど、二十四歳という若さで松波は主任係長にまで昇進した。当然給料も相応に上がり、ボーナスの額もそれまでとは段違いになった。

「でも、それらはあくまでも〝副産物〟という感覚でした。それよりも山脇支店長に喜んでもらうことの方がずっと嬉しかったですからね」

松波の中で〝働くことの意味〟がすでに変わっていたのだ。

家庭の事情で否応なく社会に飛び出した松波にとって、働くことはそれまで金を稼ぎ、借金を返すための手段でしかなかった。大人の世界でもみくちゃにされながらも人一倍働き続けたのは、「自分で何とかしてやる」という負けず嫌いの〝見栄っ張り〟精神の強さによるものだ。環境の悪さを理由にして誰かに頼ることなどできなかったし、何より逃げ出せるような状況ではなかった。

しかし、山脇支店長の存在によって、始めて仕事のやりがいを見出すことができた。

自分は何のためにこの仕事をしているのか。

それは、誰かに喜んでほしいから。

「喜ばれることにこそ喜びを」という、彼がこの時代に体得した「仕事観」は、今や会社の理念にもなっている。それは「女性の自立支援」に〝天命〟を感じるという松波の現在の生き様にもつながっている。

――ようやく掴んだ「安定」

常盤薬品への就職、尊敬できる上司との出会い、仕事にもやりがいを感じ、たしかな実績を上げて昇進、社内でも認められる存在となった。

こうした成功を誰よりも喜んでくれたのは、やはり母であった。

家庭の事情で息子を大学へ行かせられなかったことが負い目にもなっていたのだろう。父の会社が順調だった頃、松波は歯学部への進学を希望していたのだという。家業は長男である兄が継ぐものと決まっていたし、当時の家庭教師が歯学部の学生であった影響もあって、どうせ親の商売をしないのであればと父と相談して決めていた。しかし結果的に歯学部はおろか大学への進学すらかなわず、それどころか高校時代から生活のために働きに出なくてはならなくなってしまったのだ。

常盤薬品の商品課に就職してからは昼の仕事ができるようになったものの、岐阜にある問屋へ修行として通っていた頃には毎日五時起きという生活。朝には母がいつもご飯と味噌汁を作ってくれて、当時自分の車を持っていなかった松波を毎日駅まで送ってくれたのは父であった。東京勤務の辞令が下りた時には、いいチャンスが巡ってきたとそれは喜んでくれたという。

苦労し続けた息子がようやく手にした成功と安定。喜ぶ母の姿は、松波にとっても大きな喜びであった。母が親戚に息子自慢をしてくれることが何よりも誇らしかったと松波は語る。

――結婚

経済的な安定と精神的な自信や余裕がようやく生まれた二十代半ば、松波はついに結婚を決意する。

相手は、高校生時代からずっと付き合ってきた女性。現在の静枝夫人だ。

出会いは高校一年生の頃。その頃は松波の父の会社も順調で、静枝もまた裕福な家庭で生まれ育っていた。通っている高校は別々だったけれど、共通の友人に紹介されて知り合ったのだという。友人とバンドを組んで地元のコンテストで優勝するなど、松波が青春時代を謳歌していた当時。静枝は出会った時の松波の印象を、「見た目のイメージと違って、話してみると大人っぽくてしっかりした人だった」と語っている。

それから順調に交際を続けていた二人だったが、高校二年に進級する頃、松波は家庭の事情で進学を断念せざるを得なくなってしまう。その時静枝が取った選択肢は、自分自身もまた大学への進学をやめて就職することだった。

「夫になる人よりも学をつける必要はない」

静枝は父親とも相談をして、松波にどこまでも着いて行くことをすでに高校生にして決断したのだ。

その後も二人の交際は続き、常盤薬品に就職した松波が東京へ転勤が決まったことをきっかけに婚約。名古屋と東京で離ればなれで暮らしている間も静枝は待ち続けた。そして、仕事ぶりが評価され安定した収入も得られるようになった松波は、彼女を東京に呼びよせて晴れて入籍をしたのだ。

それから現在にいたるまで、静枝は常に松波を支え続けている。忙しく働く松波に代わって家庭を守り続けた。現在では松波の会社で専務取締役の重責も担っている。

――突然の激痛

ひたすら走り続けてきた人生で、やっと得た安定と幸福。

松波は当時をこう振り返る。

「ようやく周囲の人たちに追いつくことができたと感じました。これからさらに皆を追い越してもっと成功してみせると意気込んでいましたし、頭の中にはこれから続く明るい未来がありました」

新婚旅行から帰ってきて半年ほどしたある日、そんな松波の両足を突然の激痛が襲った。それは歩くにも支障をきたすほどの痛みだった。それでも「今までの無理が祟ったのだろう」と、松波はしばらく痛みに耐えながら生活していた。しかし、日が経つにつれて痛みは治まるどころか増していくばかり。

あまりの激痛についには身動きもできなくなり、いよいよ病院へ。そのまま入院することになってしまった。さまざまな検査が実施されたが、しばらくは病名さえ特定できなかった。

最終的に判明した病名は、閉塞性血栓血管炎。別名、バージャー病。国から難病指定されている原因不明の不治の病だった。

――〝バージャー病〟～下半身に血が巡らない～

バージャー病は、手足に潰瘍《かいよう》や壊死《えし》を引き起こす難病だ。手や足先などの末梢《まっしょう》動脈に血栓ができて、徐々に下半身の血流を塞いでいく。軽度なうちは手足に冷えやしびれを感じるくらいだが、症状が進行すると歩くたびに痛みが生じ、重症化すると安静時でも激しい痛みをともなう。やがて潰瘍や壊死が発生し、最終的に血流がゼロになれば両足の切断を余儀なくされる。

その後、松波も一時はまったく歩けない状態になった。足の血管の多くが機能しなくなり、このままでは切断するしかないというギリギリの状態にまでいたった。

松波は、毛細血管を太くする厳しいリハビリに耐え抜いた。結果的に辛うじて切断だけは免れたものの、彼の下半身の血流は健康な人間の僅か十五パーセント。それをなんとか必死に維持していく。それが残された彼の人生となった。まだ二十四歳という若さでの発症だった。

――絶望の淵へ

たとえば、「ちょっとそこまで歩いて食事に行こう」と誘われた時、通常、飲食店までの時間をどれくらいとイメージするだろう。十分？　それとも五分？

松波には、そんな「ちょっとそこまで」が命取りになる。百メートルも歩けば、筋肉が痙攣《けいれん》をおこすからだ。無理をすれば、極度の疲労で動けなくなってしまう。この現実が、本来タフな松波の心を容赦なく打ちのめしていく。

配置薬の営業はとにかく「足で稼ぐ仕事」だ。特に新規開拓を任されている松波にとっては、一戸でも多くの家庭を回ることが「仕事」の基本である。

実際、彼はひと月で何足もの靴をすり減らしてしまうほどに歩いてきた。トップセールスマンの地位も彼が稼ぎだす収入も、その「足」による。その彼を「歩けなくなる難病」、バージャー病が襲ったのだ。

「絶望。本当にこの言葉しか浮かびませんでした……」

ようやく人並みの幸福を手に入れることができたと感じたその矢先に、松波は「絶望の淵」へと突き落とされたのである。

――「絶対見捨てない」

病名を知って、すぐに松波の頭をよぎったのは「クビ」の二文字。足の痛みとともに生活不安が松波を覆った。

「俺は、お前を一生面倒見る。絶対見捨てない」

不安と絶望の淵にあった松波に、こう声をかけてくれたのは恩師と仰ぐ山脇支店長だった。

松波と山脇支店長との絆は、当時すでに上司と部下の関係を越えたものになっていた。

松波がバージャー病を患う前にも、それを裏付けるようなエピソードがあった。

何とか倒産だけは免れた松波の父の玩具会社は、当時再び経営危機を迎えていた。

そのことを知った山脇支店長は、ある時松波を連れて大阪の本社に向かう途中、名古屋で突然新幹線を降りようと言い出した。いぶかる松波を連れてタクシーで向かった先は、なんと松波の実家。山脇支店長は、松波の父親に対し、「わが社の子会社として、薬問屋をやっていただけませんか」と提案したのだ。

父には所有する土地もあったし、玩具を置いていた大きな空き倉庫もあった。そこを使えば会社から家賃も支払われるし、父親も役員報酬を得ることができる。その資金を活用すれば、玩具会社の資金繰りも楽になる。「当面必要な事業資金は、わが社で負担するように、私が会長に交渉します」とまで山脇支店長は言った。

あまりに突然の申し出に松波の父も最初は難色を示したものの、山脇支店長の熱い説得を受けて最終的には首を縦に振った。こうして株の五十一パーセントを常盤薬品が出資する形で、松波の父を社長とする「名古屋常備薬」という子会社が設立されたのである。

自分のためになぜそこまでしてくれるのか……。そう松波が問うと、山脇支店長はこともなげにこう答えた。

「お前にはずっとうちの会社で頑張っていてほしいからだよ」

仮に父親の会社が本当に行き詰まったら、松波はきっと常盤薬品を辞めて名古屋へ戻り、父や母のために奮闘するに違いない。そうさせないためにも、思い切った「提案」が必要だと山脇支店長は考えたのだ。

それほどに山脇支店長は松波の能力を買い、その人柄が気に入っていた。難病に冒された松波に、「俺はお前を一生面倒見る」と言った彼の言葉には、なんの「掛け値」もなかった。名古屋での手術を終えて東京へ戻った松波を拡張から営業担当へ異動させ、思うように足が動かない松波のためにオートマの営業車も用意してくれた。

しかし、間もなくして松波は会社を辞め、その家族を連れて名古屋へと戻る決意をする……。

――恩人の死

松波の心の支えともなっていた山脇支店長――松波が「恩人」と呼ぶ彼が病気で亡くなった。四十三歳という若さだった。

難病を患い、これからの人生が危ぶまれている中で、想像すらしていなかった恩人の死。彼に喜んでもらいたいという一心でどんなに厳しい営業活動も乗り越えてきた松波にとって、山脇支店長の死は「この会社で頑張る意義」そのものの〝喪失〟を意味した。

亡くなった山脇支店長に代わって配属された新しい上司とは、どうしてもソリが合わなかった。その頃から、いつでも提出できるようにと、松波は鞄の中に「辞表」を忍ばせておくようになった。

当初は退職に反対していた妻も松波の想いを理解し、一緒に名古屋に戻ることを了承した。娘が生まれ、子育て仲間もできて、ようやく東京での生活の基盤が整いつつあった彼女にとって、これも大きな決断だった。

難病を抱えた状態で名古屋へ戻るとなると、それまで安定していた収入もはたしてどうなるか。そんな経済上の不安もあった。それでも、「松波が熟慮した上の決断なら」と、彼を信じてついて行くことを決意した。

こうして、松波は常盤薬品を退社し、名古屋に戻った。同社の子会社であり、父が社長を務めていた「名古屋常備薬」に入社したのだ。

――難病を抱えながら続けた営業

難病を抱えながらの仕事は、並みの苦労とは桁が違う。

しかも、甘えたり、弱みを見せたりすることを極端に嫌うのが彼の性格。病気のことは一言も言わないまま、毎日配置薬を入れた重いジュラルミンケースを抱えて各戸を回る生活を続けた。

エレベーターの付いていない公団住宅では、痛む足を引きずりながら階段を昇った。時々立ち止まっては深呼吸をし、ゆっくりと一段一段踏みしめるように昇っていく。「この前のドリンクが良かったから持って来てくれない？」と言われれば、また営業車まで取りに戻らなければならない。本来なら「嬉しい一言」が、今の松波には耐え難い肉体的苦痛を呼ぶ一言になる。

もちろん病気のことを打ち明ければ、顧客もそれなりの対応をしてくれただろう。けれど、「相手の善意に頼るのはビジネスの世界ではアンフェアだ」と考えてしまうのが松波だ。

その代わり、できる限り工夫を凝らした。

外出回数を減らすために、効率的なスケジュール管理や顧客情報の収集を徹底した。届ける商品に漏れや食い違いがあれば、訪問したばかりの取引先へ再び向かわなければならなくなる。そんなことが起きないようにと、こまめな電話連絡も心がけた。

――目の前の課題を一つ一つ越えて行く

「目の前にある一つ一つの課題をどう乗り越えていくか。それを考えることに集中しました」と松波は言う。

自分の背負った運命の悲惨さを嘆いていても、絶望の淵から這い出すことはできない。それよりも、目の前の小さな不便や困難の一つ一つを、持ち前の「気迫」と「工夫」で乗り越えることに集中する。そんな松波の姿勢が、結果的にはその体に画期的な変化を生む結果になった。

現在、松波の足の主要な血管はほとんどその役目を果たしていない。それにもかかわらず、彼は全国を精力的に飛び回っているし、ゴルフにいたってはシングルプレイヤーだ。なぜそんなに動けるのか。医者すら不思議がる。

「側副血行路といって、血液の循環を維持するために、塞がってしまった太い血管に代わって周囲の細い血管が新たに太く育ってくれたんです。生きていくために必死になって働いていた当時はそんな事にまで頭が回っていませんでしたが、今になって振り返ってみると。それが結果的にリハビリになっていたんですね。あの頃に足をかばって楽な仕事を選んでいたら血管は育ってくれず、今頃は両足を切断することになっていたかもしれません」

――ちょっとでも自分を甘やかしたら、心が折れてしまう

持ち前の見栄っ張り精神がここでも功を奏したといえる。しかし、彼の頑張りを支えたものはけっしてそれだけではなかった。

松波は当時をこう振り返る。

「自分を甘やかすことが怖かったのだと思うんです。一歩でも引いたら、一気に心が萎えて、どこまで後退していくか分からなかった」

これこそ、ぎりぎりのところで歯を食いしばりながら生きていた当時の松波の正直な心境に違いない。

もちろん、松波には逃げ出すことの許されない事情があった。それは守るべき家族。静枝のお腹にはすでに赤ちゃんも育っていた。

「自分がすべてを投げ捨てて現実から逃げてしまえば、高校時代からずっとついてきてく

れた妻はどうなるだろう。生まれてきた子どもはいきなり路頭に迷うことになる。そんなことにはさせられない。守るべき家族がいたから、私は働き続けられたんだと思います」

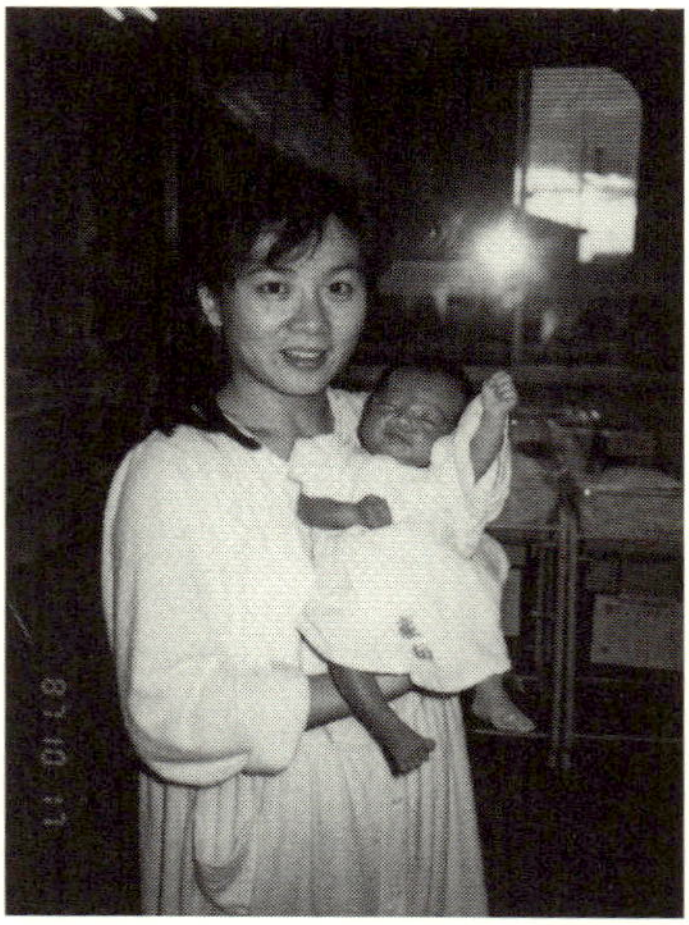

妻靜枝と長女

第三章

したたかに学べ！ 歩みを止めるな！

難病を抱えながら起業を果たすも、
心血注いだ新店舗を放火で失い、「二度目の絶望」

――赤字会社の建て直し

それまで父に経営を任せていた名古屋常備薬。いざ入社してみると、同社は深刻な赤字状態に陥っていたことが分かった。すでに借金が資産を上回り、数千万円の債務超過だった。それでも、持ち前の「負けん気」が松波の心に火をつける。

「目前の苦難から逃げ出すなんて、オレらしくない」

痛む足を引きずりながらも営業に駆け回り、数千件という新規顧客を名古屋市内で開拓した。数年後には、親会社である常盤薬品から株をすべて買い取り、松波は自ら社長に就任した。

大恩ある山脇支店長が自分のために設立してくれたのが「名古屋常備薬」なのだ。おいそれとつぶすわけにはいかない。これが、松波が会社再建に奮闘した第一の理由だ。しかし、けっしてそれだけではなかった。

「母を守りたかったんです」と、松波は言う。

その当時も母は父とともに働き続けていた。このまま名古屋常備薬が倒産となれば、母にまたかつてと同じ苦労と屈辱を味わわせることになる。松波はそれだけはどうしても避けたかった。

しかし、名古屋常備薬が設立された頃とは、すでに当時の時代状況は大きく変わっていた。

ドラッグチェーン化が飛躍的に進み、ドリンク剤一つとっても薬問屋から仕入れるよりチェーン店で買った方が安く買えるという状況になっていた。

すでに地方都市でも「少し歩けばドラックストアーに出会う」という状況になっていた。家庭や事業所がそれぞれ常備薬をワンセット置いておく必要も、著しく減少していた。

こうした時代の流れは強まることはあっても、逆戻りすることはもはやない。実際、小規模な配置薬会社は軒並み潰れるか統廃合の波に飲み込まれ、その数は激減していた。残るは大手数社のみという状態だった。

「常備薬ビジネスに将来はない。何か〝次の手〟を探らなければ」——そんな思いを抱きながら、松波は会社再建に奔走していた。

――「次の打つ手」を求めて

先の見えない名古屋常備薬の仕事の傍ら、「次の打つ手」を探っていたある日、松波は常盤薬品時代から付き合いが続いていたある会社の社長に、東京のパーティーへ来るように誘われた。松波は二つ返事でＯＫし、東京に向かった。

久しぶりに再会した社長に挨拶をして近況報告をすると、たまたま顔見知りだったこの会社の女性事務員の話になった。その女性はすでに会社を辞めていたが、現在は独立して「化粧品ビジネス」をやっているのだという。まだお店をオープンしてから一ヶ月ほどしか経っていないということだった。

どんなビジネスなのか。懐かしさも手伝って、松波はさっそく彼女のお店に寄ってみることにした。

そのお店というのは、「ＣＰコスメティクス」の化粧品を販売する「ＣＰサロン」だった。彼女はそのサロンのオーナーで、経営者でもあった。

「ＣＰコスメティクス」は化粧品の製造販売会社。その販売方法は派手な広告を武器に小売店を通して店頭販売する大手化粧品メーカーのそれとはまったく異なる。

それは、同社と専売契約を結んでいる代理店が直営ないしはフランチャイズで「ＣＰサロン」を展開し、サロンを訪れた女性客にフェイシャルエステやメイク指導などのサービスを提供しながら化粧品を販売するというものだった。

女性客が購入した化粧品は、お酒のボトルキープのような形でサロンが預かり、客が訪問するごとにそのキープ化粧品を使ったスキンケアを施していくのだという。

「おもしろそうなビジネスだな」――そんな印象を抱きながら彼女の話に耳を傾けていたのだが、ふと気付くとその脇にはいつのまにか見知らぬ男性が立っていた。

その彼は、「ＣＰコスメティクス」の「代理店開拓の担当者」だった。たまたまサロンの様子を見に来ていたのだ。

「松波さんは名古屋にお住まいなんですね」

「はい」

「まだ名古屋には当社の代理店が少ないんですよ」

「そうなんですか。名古屋に来る機会があったら声をかけて下さい」

もちろん、これは一種の「社交辞令」のつもりだった。ところが、その翌日、この男性はなんと名古屋まで松波を訪ねてきたのである。

――片手間で始めた「化粧品ビジネス」

常盤薬品の営業時代、松波は配置薬の他に化粧品のセットを扱った経験があった。化粧品を売る自信はあった。

「サロンの方式をとれば、これまでのように自分が営業マンとして方々を駆け回る必要がなくなる。難病を抱える自分にはぴったりのビジネスかもしれない」

そう感じた松波は、専売代理店となって、まずは直営の「ＣＰサロン」を一店舗だけ開業してみようと考えた。もちろん、本業は名古屋常備薬の経営。その仕事の傍らで、個人事業として代理店をスタートしようというわけだ。

「サロン経営」はたしかに難病抱えた松波にとって、自ら営業で歩き回らなくてもいいという点で魅力的だった。しかし、他方、それは「顧客に直接に接して商品を販売する」という、松波が最も得意とする能力を生かせないビジネスでもある。

何よりもまず、サロンの店長となってくれる人材を見つけなければならない。

ちょうどその頃、名古屋常備薬にある女性が入社してきた。松波はその彼女に「化粧品のビジネスに興味はないか」とたずねてみることにした。

――「サロン一号店」の店長

彼女は母子家庭の一人娘だった。入院している母親の医療費を稼ぐために、名古屋常備薬に入社してきた。

同社の営業職の給料は「基本給＋歩合制」でできている。訪問販売を得意とする松波のようなタイプであれば、売上げを伸ばせばそれだけ給料が上乗せされるのだから、相当の収入になる。彼女もそこに魅力を感じて入社してきた。

しかし、薬の訪問販売に彼女は必ずしも向いていなかった。業績は伸びず、したがって収入も増えない。医療費を稼ごうという彼女のもくろみも実現は難しかった。

「化粧品のビジネスに興味はありませんか」

「私、以前は化粧品メーカーに勤めていたんです」

——そう答えた彼女の眼がほんの一瞬輝いたことを、松波はけっして見逃さなかった。

彼女は商業高校を卒業してから大手の化粧品メーカーで働いていた。数年間そこで勤めていたのだが、母親が病で倒れてしまい、医療費を稼ぐために退社。もっと給料のいい不動産会社へと転職した。

ところが、バブル崩壊のあおりでその会社の給料は急下降。やむなくそこも退社して名古屋常備薬へ入社したのだという。

結局、彼女は名古屋常備薬からの出向という形でサロンの店長を務めることになった。

こうして、「サロン一号店」がオープンした。創業メンバーとなった店長は、その後紆余曲折を経ながら現在も松波のもとで働いている。もしかしたら、彼女こそ、松波が後に「天命」だと悟る「女性の自立支援」対象者、「第一号」だったのかもしれない。

〝体験〟の中に〝答え〟がない！

名古屋常備薬はもちろん一つの株式会社ではあるが、これはいわば「プロのセールスマンの集合体」のようなところがある。一人ひとりの営業マンがそれぞれ自分で工夫し、自分の足で回って顧客を獲得する。そして、その売上げに一定の「歩合」を乗じた金額が基本給に上乗せされ、給料として支払われる。松波の立場は、経営者といっても、それはあたかも「営業所長」のような役割だった。

しかし、「サロン経営」はこれとは違う。客はお店にやってくる。もちろん、客と直接に接してサービス施すのはスタッフ一人ひとりだが、客は「担当スタッフ」を選ぶ前に、「お店」を選んでやってくる。どんなお店でなければならないのか。お客が求めている店の雰囲気とはどのようなものなのか。

スタッフ一人ひとりの力量に任せているだけでは客はつかめない。「サロン」のもつ「総合的な力」を引き上げていかなくてはならない。そのためには、スタッフ間の「共通認識」や「連携」が不可欠になる。

こうして、松波ははじめて「経営者の役割」というものを意識し始める。

しかし、何をどうすればいいのか。その答えを、松波のこれまでの「体験」の中から見つけようとしても。それは不可能だった。

「よし、ゼロから勉強開始だ！」——こうして、松波の「経営者としての学びの旅」が始まった。

——「学びの場」を求めて

松波が「学びの場」を求めて加入したのは、愛知県中小企業家同友会。当時、二千五百人ほどの中小企業経営者たちが集っていた「体験交流型の学びの場」だ。数百人の従業員をかかえ、もはや中小企業とは呼べないほどの規模の会社を率いる経営者もいれば、従業員数人いやまだ正規従業員を一人ももたない小規模事業主もいた。

「学べるものは何でも吸収する」。そのつもりで松波は同会に入会したし、その意気込みでさまざまな活動にも参加した。

しかし、持ち前の〝見栄っ張り〟がこの時にはマイナスに作用した。素直に「教えてください」と言えない。高校生の時から、「自分の食い扶持は自分で稼いできた」という自負心もあって、先輩の経営者からいろいろ言われると、むしろ「なにくそ」と反発心の方が湧いてしまう。「生意気なヤツ」というのが、同友会での松波の一般的な評価になっていた。

それでも、徐々に経営者の仲間も増え、可愛がってくれる先輩経営者とも出会うことができた。もちろん、「兄貴」のように慕ってくれる後輩たちもできた。

「管理会計を学ぶセミナー」にも参加した。中小企業経営者は税金を支払わなければならない関係で、多かれ少なかれ「財務会計」の知識は持っている。しかし、コスト計算からキャッシュフローまで日々の経営活動をきちんと数字で把握し、さらに数年後の自社の姿を数字で描くことのできる経営者はほんの一握りしかいない。

「管理会計を徹底的に学んだことが、会社経営のあり方を質的に変化させた」と松波は言う。

その時の体験を踏まえて、現在、松波は中小企業サポートネットワーク「スモールサン」(注)の講師となって、全国を回りながら中小企業経営者に「管理会計を学ぼう」と訴えている。

(注)中小企業サポートネットワークとは、山口義行立教大学教授が主宰する中小企業のため

の知的支援ネットワークである。現在、十数名の専門家と千六百名の中小企業経営者が集い、共に学んでいる。

中小企業（small business）のsmallと、サポートネットワーク（support network）のsuとnをとって、「スモールサン」（Small Sun）と略称している。

〝アントレ会〟への加入

こうした努力の甲斐もあって「サロン経営」は順調に回り始めた。

その頃だった——

「〝アントレ会〟という勉強会がある。君も入らないか」

中小企業家同友会の先輩、木全哲也氏から松波はこんな誘いを受けた。

「はい、ぜひ入らせて下さい」

実は、この「アントレ会」への加入が、その後の松波の人生にきわめて大きな影響を与えることになる。

二十年の歴史を持つアントレ会

アントレ会とは、その名前の由来にもなっている「アントレプレナーシップ（企業家精神）」を旗じるしに、愛知中小企業家同友会の青年経営者たちが自主的に立ち上げた勉強会だ。

それが経営者たちによる勉強会と決定的に異なっていたのは、毎回山口義行立教大学経済学部教授がチューターとして参加していたこと。このことが会員の参加意識にも影響を与え、同会は経営者として「会社経営について学ぶ」だけでなく、「〝一経済人〟として広い視野をもって学び、行動する経営者になる」と会の設立目標にも設定目標にも明記された。

メンバーたちは、「〝ものが言える経営者〟になろう」と、マクロ経済をはじめとする様々な社会的事象についても積極的に学び続ける努力を怠らない。このことが、経営者一人ひとりの「時代を読む力」を向上させ、結果的に参加メンバーの会社が大きく成長するという結果にもつながっていった。

もちろん加入当初の松波には、そのような「社会性」は意識されていなかった。

それでも、そこでの学びは松波に「衝撃的」な影響を与えていった。

――山口教授との出会い

中でも、山口教授が発する「言葉」や「ものの見方・考え方」は、経営者としての松波に大きな影響を与え、「サロン経営の指針」としてスタッフの共通認識にもなっていった。

といっても、教授は経営コンサルタントではなく、経営のノウハウそのものを語るわけではない。それでも、松波にとって、その多くが「明日からでも会社に役立つ」と感じさせるものだった。

たとえば、教授はこんな語り口で話を始める。

「大銀行と小さな信用金庫。同じく金融機関ですが、どこが違うと思いますか。もちろん違いはたくさんありますが、私が決定的な違いだと思うのは、前者はあくまでも〝マーケット〟を相手に商売をしているのに対し、後者は〝コミュニティー〟を相手に商売をしている。つまり、生活の基盤を共有し、住民として何らかの意味で価値観を共有している仲間たち、それが商売の相手だということです。

この点は、多くの中小企業に共通して言えることです。中小企業にとっての顧客創造は、多くの場合〝価値観を共有できる仲間作り〟であるべきなんです。そのためには、経営者が何を大切にして商売しているか、何に価値を見出した生き方をしているかが鮮明でないといけない。このことを忘れて、大企業のように『自分たちが相手にしているのは〝マーケット〟なんだ』ととらえていたら、その時にはもう中小企業としては黄信号が灯っているといえるのではないでしょうか」

松波はこれをメモして、翌日のスタッフ会議の話題にする。

「自分たちのサロンは、どんなコミュニティーを作っていけばいいのか」――これをみんなで考えてみようと、問題提起する。

――「引き算が個性を作る」

「今でもそうですが、アントレ会で仕入れた知識は、とにかくすべて実践に移していましたね。〝学ぶ〟ということは、知識を受け入れることではない。受け入れた知識や考え方をアウトプットしていくことだと思うんです」と、松波は言う。

山口教授からは、こんな話も聞いたと語ってくれた。

教授曰く、

「世の中、規制緩和ブーム。評論家たちは規制緩和しさえすれば、経済はたちどころに成長していくかのように言う。でも、交通規制を無くして、すべての車が自由に走行できるようにしたらどうなるか。むしろ渋滞が起きて、みんな動けなくなってしまう。

それでも大型トラックはいい。警笛を鳴らして突っ走れば、他の車がよけてくれる。ところが、軽自動車はそうはいかない。小さな車は圧倒的に不利になる。

経済もこれと同じことになるかもしれない。単純な規制緩和万能論は、大企業にとっては有利になっても、中小企業の活力を削ぐことになりかねない。中小企業経営者はマスコミの論調に乗せられているだけではダメだ」

「なるほど。言われてみればたしかにそうかもしれない」——松波の「目からうろこ」が剥がれ落ちていく。

さらに、教授はこう付け加える。

「そもそも規制緩和で何をしてもよくなったからといって、なんでもやってやろうというのは、一見非常に積極的でたくましい経営姿勢に思えるけど、中小企業の経営者としては重要な視点が抜け落ちている。

それは〝引き算が個性を作る〟ということ。〝何でもやります〟では個性がない。経営資源が限られている中小企業の場合、むしろ〝何をやらないか〟が重要だ。〝これはやろうと思えばやれるかもしれない。でも、わが社の理念に合わないからやらない〟。こういう姿勢が、その会社の個性を作るし、顧客がその会社を好きになる理由をつくることにもなる」

松波はそれまで、「儲かりそうなことなら、なんでもやってやろう」という姿勢で生きてきた。「よし、これも明日の会議で話題にしてみよう」と思った。

――「私たちは客に感動を与えられているのか」

中でも松波の印象に残っているのは、教授とのこの「やり取り」――

「松波さん、日本で一番大きい百貨店ってどこだと思いますか」と教授。

「三越かな、いや高島屋かな」と松波。

「どちらも違います。東京ディズニーランドです」

「なるほど、たしかに〝大きい〟」

「東京ディズニーランドはりっぱな大型小売店です。実際、お客さんは買った商品を袋に一杯詰め込んで帰っていく。でも、買った商品といえば、たとえばフック船長のかぎの手とか。あとになってみると、『何でこんなもの買っちゃったんだろう』というモノが少なくない。それなのに、お客さんはどうしてそんなにたくさん買っちゃうんだと思います？」

「どうしてですか？」

「ディズニーランドのいろいろなイベントを体験して、お客さんが〝感動〟しているからですよ。モノが不足していた時代には、モノを手に入れること自体が〝感動〟でした。でも、モノがあふれている現代はちょっと違ってきている。〝感動〟が先にあって、その〝感動〟に突き動かされてモノを買う」

松波は、「これだ！」と思ったという。自分たちが目指す「サロン」もこうでなくてはならない。「私たちは、客に感動を与えられているのか」。これも明日みんなで話し合ってみよう。

――経営者の〝学び〟が会社成長の〝原動力〟と知る

ただがむしゃらに生きてきた松波にとって、こうした「学び」で得られるもののすべてが新鮮だった。

アントレ会では毎回、メンバーたちが持ち回りで自社の現状報告や中期計画を発表する。それを参加者みんなで、徹底的に「叩く」。一種の「社外取締役会」のようなものだ。もちろん、松波に対しても口の悪い先輩たちから容赦のない「ダメだし」が向けられた。負けず嫌いで見栄っ張りな松波には、とりわけ風当たりが厳しい。

「あいつはどうせすぐに辞めるにちがいない」

アントレ会でも、入会当初の松波に対するメンバーたちの評価はそんなものだった。ところが、松波は「辞める」どころか、メンバーの誰よりも高出席率を続けた。

経営者の「学び」が会社成長の原動力だということを、松波は当時すでに実感していたからだ。

「アントレ会の勉強会の記録を九年間分整理してみたことがあるんです。そうしたら驚きました。なんと自分は九年間で二回しか欠席していなかった。そして、もう一つびっくりしたのは、その記録がわが社の会議の議事録とほとんど同じだったんです」

貪欲に学んで、果敢に実践していく――これこそ、現在も続く経営者としての松波の生き様なのだ。

ちなみに、「現在、松波は中小企業サポートネットワーク『スモールサン』の講師となって全国をかけ回っている」と先に書いたが、その「スモールサン」というのは、山口教授が「アントレ会のような勉強会を全国に広げたい」という思いで組織した千六百名の中小企業経営者からなるネットワークである。松波は「恩返し」をかねて、今全国を回っているのだという。中小企業経営者が真剣に「学ぶ」ことが会社にとっても、そして社会にとっても重要なのだということを自らの体験を通して実感したからにほかならない。

――「化粧品ビジネス」を本格展開

経営者としての自分自身の成長、そしてそれを反映するかのように目覚ましく変化していく従業員たち。「サロン経営」に自信を深めた松波は、「化粧品ビジネス」を本格的に展開することを決意した。

それまで個人事業にとどめていた「化粧品代理店」を、正式に株式会社にしたのである。「本業」であった名古屋常備薬は、思いきって「売却」することにした。同社は赤字が続いていたが、松波自身の必死の営業の甲斐もあって、名古屋市の中心地に四千件もの顧客を持っていた。しかも主な顧客は家庭ではなく事業所だった。

家庭への配置では半年置かせてもらわなければ売上げが上がらない。しかし、使用頻度の多い事業所なら一ヶ月ほどで売上げが出る。

この顧客ネットワークが「価値」となって、その頃名古屋で新規拡張をしようとしていた大手の配置薬会社に同社の売却が決まった。おかげで、従業員たちを路頭に迷わせるようなこともなく、松波はこの事業から撤退することができた。

しかし、いよいよ本格展開となると、これまでのサロンだけではいかにも手狭である。そこで、思い切って、大曽根という名古屋の中心地に本社を兼ねた新店舗を建設することにしたのである。当時の松波にとっては「人生の賭け」ともいえる多額の借金をして。

その借金ゆえに、資金繰りは厳しかった。それでも新店舗の顧客は着実に増えていった。目に見えるようなスピードでサロンの女性スタッフたちも成長していく。新店舗オープンから半年が経過した時、松波は「これですべてが上手くいく」と確信した。そんな時、事態を一変させる事件が起きた。

――放火〜もう首を括るしかないのか〜

ある日の夜中、松波の自宅の電話がけたたましく鳴った。「こんな夜中に、いったい誰が電話してきたのか」。胸騒ぎを感じながら電話に出た。

「はい、松波ですが」

「放火だ！　あんたの店が燃えている」

「えっ！」

――言葉にもならなかった。受話器を握る手が震えた。取るものも取りあえず、松波は玄関を飛び出した。

「あの日、夜中に連絡を受けて現場に駆けつけた時には、すでに手の施しようがない状態でした。防火シャッターのガラス越しに見える燃え盛る火。その火でだいだい色に輝いて見えた店内の様子は、今でも忘れることができません」

急いで駆けつけたものの、松波は「ただ見ている」ことしかできない。

「燃える店の前でただ呆然としていました。やがて、深夜にもかかわらず、異常を知ったスタッフたちが集まってきました。……皆、涙を流していました」

しかし、松波は泣くことすらできなかった。

この本社兼店舗のために銀行から数千万円の借入れをしたばかり。買い込んだ機材は、エステ機器をはじめすべて炎に包まれている。それだけではない。客から預かったキープ化粧品もすべて焼けただれてしまっている。これからその補償もしていかなければならない。

混乱をきたした頭でも、自分がどれほど絶望的な状況に置かれているかということだけは理解できた。

「首を括るしかないな」――難病による「絶望」状態からたくましく這い上がった松波でさえ、そう感じざるを得ないほどに事態は深刻だった。

――口から飛び出した意外な言葉

その当時、新店舗があった地域では何件かの放火事件が起こっていたのだという。犯人が捕まったという話は聞いていなかったけれど、だからといってまさか自分が被害者になるとは想像もしていなかった。

嘆いていても仕方がない。自分は「社長」だ。

今は先のことを考えるよりも、泣いているスタッフたちを励ますことが自分の役割。そう思った。でも、こんな時にどう声をかければ良いのか……。

そうして松波の口から飛び出したのは、自分でも意外な言葉だった。


「手があいている者全員で、ご近所に謝りに行こう」


自分でも何を言っているのか分からなかったと松波は言う。

今自分たちは「れっきとした被害者」じゃないか。なのに、どうして自分たちが謝らなければいけないのか。その気持ちは誰もが同じだったようで、スタッフの中には泣きながら反論する者もいた。しかし、松波の意志は揺らがなかった。

「被害者にはなっても、加害者になってしまうのだけは避けよう。放火であっても火を出して迷惑をかけたことに違いはない。手分けして謝りに行こう。お店のことはそれからだ」

自身が大変な状況に置かれながら、なぜこんな言葉が飛び出したのか。

もしも放火にあったのが若い頃であったなら、近所はおろかスタッフたちのことすら忘れて保身に走ったかもしれないと松波は言う。

繰り返し襲ってくる困難と絶望。それまでの松波の人生は、いつだって苦難のどん底からがむしゃらに這い上がっていくというものだった。しかし、その過程でいつも〝人〟の大切さに気付かされてきた。家族や仕事の仲間たちに支えられていなければ、今ここにはいなかったかもしれない。

「人生は他人の力で形作られる」――松波にとって、これは自身の体験から得た「真理」だった。「謝りに行こう」というこの言葉は、この「真理」が、知らぬ間に自分の血となり肉となって、体の中に深く浸透していることに気付かせてくれた。

――支えてくれた「仲間たち」

松波は、この放火事件からの再生の過程で、この「真理」を再確認する。

「もう首を括るしかないか……。黒焦げになった店の残骸の前で立ち竦みながらぼんやり

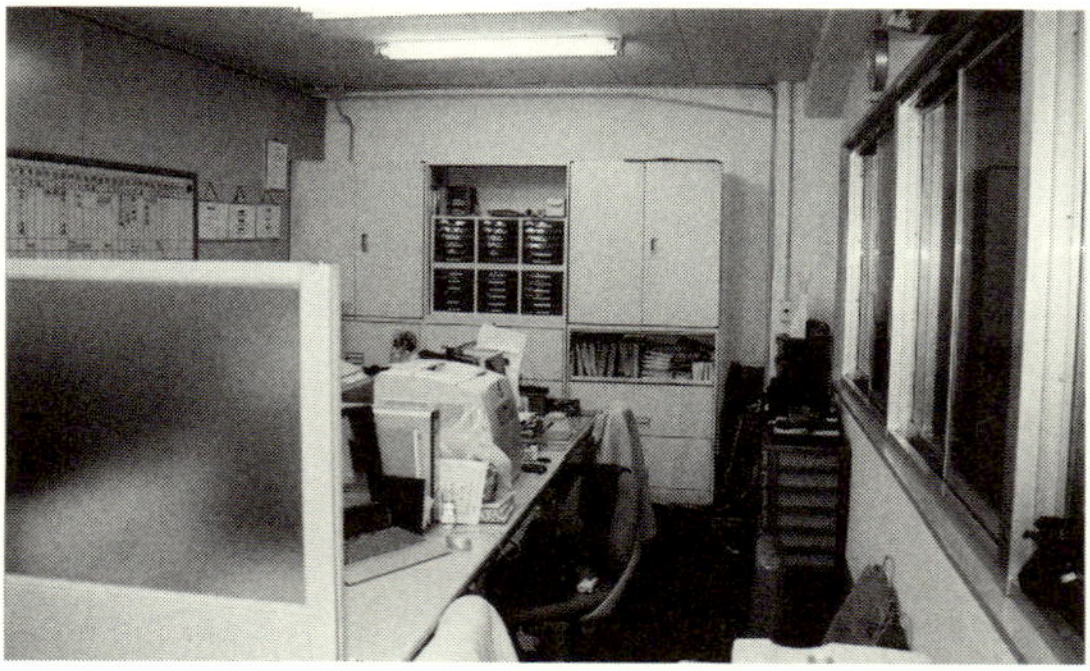

火事後に移転した新事務所

とそう思っていた時、騒ぎを聞きつけたアントレ会のメンバーたちが次々と駆けつけてきてくれたんです」

火事の後始末の現場で、皆どろどろの水の中に足を踏み入れて一緒になって片付けを手伝ってくれた。しかし、燃えてしまった店舗はとても再開できるようなものではない。すると、名古屋の中心地にビルを所有していた先輩経営者の大島浩司氏が、「無償で事務所を貸してやるよ」と声をかけてくれたのだ。

スタッフ達だけではなく、仲間みんなの応援を受けて、火事にあったその日の夕方には新しい事務所への引越しを終えた。そして、なんと翌日には通常通り営業をすることができたのだ。

「先輩が貸して下さった事務所は、その後ビルが立て替えられるまで数年間借り続けました。あの時、自分に仲間がいなかったら……、そう思うだけで今でもぞっとするほどです」

こうして、恐ろしい犯罪の魔の手に襲われたにもかかわらず、松波が興した会社は売上げを落とすことなく、再び困難から這い上がった。それどころか、その後も一度たりとも売上げを落とさず右肩上がりで成長を続けた。

一店舗から始まったＣＰサロンは二店舗三店舗と増え続け、アントレ会に参加したばかりの頃はそれほど突出していなかった業績も他の代理店を上回り始めた。ついには全国に百五十ほどあるＣＰコスメティクスの契約代理店の中で、常に十位以内を維持するほどの好業績を収めるまでになったのである。

――したたかに学び、歩みを止めない

「松波さんのすごいところは、何といってもその学習能力の高さです。いろんなところで、いろんな人からどんどん学んでいく。難病も含めて、彼が体験したさまざまな苦難も彼は『学びのチャンス』に変えてしまう。そんな〝したたかな学びの姿勢〟が、彼と彼の会社の発展の原動力になっている。

だから、彼の歩みは止まらない。ただ『へこたれない』というだけではなく、苦難に遭遇するたびに経営者としてあるいは人間として着実に成長を遂げていく。そこが彼のすごさだと思います」――これは、松波が師と仰ぐ山口教授の松波評だ。

この松波評の正しさを実証するかのような波乱万丈の人生が、以後も続いていく。

第四章

「不断の挑戦」が危機を救う！

突然の納品停止による〝会社消滅の危機〟を、
新たな〝飛躍のバネ〟にした「経営者魂」

――ふと湧いた〝疑念〟

多くの仲間の支えがあり、放火事件の後も松波の会社は順調に業績を伸ばしていった。名古屋の一等地にビルを一棟借りして、さらなる飛躍に向かおうというところまで成長した。代理店事業の業績は右肩上がり。しかし、その一方で、松波の中ではこの事業の持続性に若干の〝疑念〟が芽生え始めていた。

「自分はこれからもこの仕事を長く続けられるのだろうか」

松波がそんな疑念を抱くようになったきっかけは、先の放火事件直後の小さな出来事だった。実は、松波はメーカーの人間と大喧嘩をしたのだ。

放火の後で移転した新しい事務所には、煤を吸ってしまい使い物にならなくなった数百個ものキープ化粧品を置いておくスペースがなかった。そこで一時的にメーカーの支店が預かってくれることになったため、汚れを拭いてスタッフに持って行かせた。

すると、その後スタッフが大泣きしながら電話を掛けてきた。たまたま支店で居合わせたインストラクターに、「壁紙を汚さないでね」と言われたのだという。それは、言葉を発した当人にとっては些細な一言だったのかもしれない。しかし、突如理不尽な事件に巻き込まれて打ちひしがれているスタッフの心を傷つけるのには十分な一言だった。松波は早速メーカーに電話を入れ、その「無神経さ」を強く諌めた。この時、松波は「この仕事を続けていけるのかな」とビジネスの持続性に初めて疑念を抱いたのだという。

「この一件に限らず、放火事件では気付かされたことも多くありました。ピンチに駆けつけてくれた人も多くいた一方で、見て見ぬふりをする人や逆に去っていく人もやはりいました。父の会社が傾いた時と同じように、人間模様が見えた事件だったんです」

——先を読む力

松波は、内面の苦しさをけっして表面に出さない飄々とした言動から、ビジネスにおいても派手でリスキーなやり方をしているように思われがちだ。しかし実際には、彼の頭の中は臆病とも言えるほどの緻密なプランで占められている。

それは、「今のまま」がけっして続かないことを、それまでの人生で身を持って知っているからだ。どんなに「今」が良い状態であっても、また自分には何の落ち度がなくても、否応なくピンチは襲ってくる。

だからこそ、人から勧められるまま過剰な設備投資をすることもなければ、株などに手を出してリスキーな投資で資産を増やそうともしない。

売上げが一定の数字を超えるまではむやみに人を雇うこともなく、会社の経営も事務管理も松波と妻と少数精鋭のわずかなスタッフのみで切り盛りしていた。松浪は常に慎重だった。そして、いつ何が起きても対処できるように、詳細なプランニングにもとづく経営を徹底させていた。

松波のそんな慎重さが〝先を読む力〟となって働いたのが、放火事件直後の一件だった。垣間見えた人間模様からふと湧いた「疑念」。そこから生じたのは「好調な〝今〟に安住することなく、新たな〝未来〟を作っていかなければならない」という思いだった。

――「医療」と「美容」

「今後のことを考えると、今のうちに何か新しいことに挑戦する必要がある」

松波がそんな思いを抱いたのには、もう一つ理由がある。というのは、松波は「化粧品業界は、医療業界からの参入でいずれ大きな打撃をこうむることになる」と考えていたからだ。

医療と美容は本来まったくの異業種だ。しかし、「いずれ皮膚科によって美容業界は大きく侵食されるにちがいない」と松波は予想していた。

たとえば、女性の肌につきまとう「乾燥」。この女性の「悩み」が化粧品ビジネスを成り立たせている。保湿のために化粧品で肌に「脂分」を与えることが必要だからだ。しかし、過剰な脂を外から与えてしまうと、そのことで逆に「脂を生み出す肌自身の力」が弱くなりかねない。そうなれば、結果として乾燥肌が日常化し、より強い化粧品を常用しなければならなくなる。そのことで肌の保湿能力はさらに弱まる。この「悪循環」に嫌気をさした女性たちはやがて皮膚科を訪れる。

このことが皮膚科による化粧品業界への侵食をもたらすと松波は考えた。医師による適切な診断と医療用成分の入った薬の処方。それによって、肌の機能が正常なレベルまで回復し、外から脂を与えなくても肌が自分の力で必要なだけの脂を出すことができるようになる。それを体験した女性は、きっとこう思うに違いない。「病院に行ったら乾燥肌が治った。もう化粧品なんて使わなくても大丈夫」と。

そう感じる女性が増えていけば、化粧品業界はやがて大きな打撃を蒙ることになる。松波のこうした懸念は、当時すでに現実のものとなりつつあった。

「だったら、自分でやればいい」——これが、松波がたどりついた結論だった。

——『大須ビューティークリニック』の開院

美容業界にとって近くて遠いところにあるのが医療業界。けれど、ターゲットは同じく「きれいになりたい」と思っている女性たち。だったら、美容と医療の結合で、そんな女性たちに新しいサービスを提供できないだろうか。もしそれを実現することができれば、女性たちはきっと喜んでくれる。とすれば、それはビジネスとしても成り立つはず。

これこそ、「未来をつくる新たなビジョン」だと松波は思った。後は、これをどうやって実現するかだ。その手段をあれこれ模索している時、松波は知り合いの父親が皮膚科医院の院長をしていることを知った。詳しく話を聞いてみると、名古屋市の大須にビルを持っているらしいのだが、患者数も少なくなって、いずれは廃院もやむを得ないという。

それを聞いた松波は、すぐさま院長に会いに行くことにした。

「十年も経てば時代は確実に変わります。クリニックの高い技術と実績は美容にとって大きな武器になる。安い価格で安心の施術を受けられる、自分の娘を行かせたいと思えるような〝美容のための皮膚科〟をやってみたいのです」

松波の熱い思いは院長の心を動かした。

「是非やりましょう！」

こうして、松波は本業であるＣＰ化粧品の代理店とは別の会社を新たに設立し、新しい業態の開発に取り組むことになった。その結果、「超音波洗浄」を武器にした『大須ビューティークリニック』が開設された。

超音波洗浄とは、専用の特殊な機器を使って皮膚に蓄積した汚れを一気に落とす施術で、水以外に何も使わないにもかかわらず驚くほど肌がきれいになる。施術に使用する機器も、クリニックだからこそ揃えられる高度な医療機器。

安価で安全、そしてたしかな効果を気軽に体験できる美容クリニックの実現。松波には成功する確信があった。

こうして数千万円という投資をしてスタートした大須ビューティークリニックは、順調に成長していった。松波の読み通り、クリニックという安心感と価格の安さから来院者数は右肩上がりに増え、フロントやサポートスタッフを雇うこともできるようになった。

――キーワードは〝隣接異業種への挑戦〟

松波は、ちょうどその頃、こうした新規ビジネスへの試みを的確に表現するキーワードに出会う。

それはアントレ会で、山口教授が発したこの言葉である。

「隣接異業種への挑戦」

――この言葉は中小企業が本業に行き詰まりを感じて新たなビジネスを展開しようという時、あるいはこれまでにない新たな市場を創造したいと考えた時、きわめて重要な〝指針〟になるキーワードだと思います。

というのは、新しいビジネスに挑戦するといっても、中小企業の場合は、本業とまったく無関係な分野へいきなり打って出るというのはかなりのリスクをともないますし、乏しい経営資源の有効活用という点でも得策ではないからです。でも、だからといって、今までやってきたビジネスの単なる延長では、本業のもつ閉塞感を打ち破ることができない。

そこで、目をつけるべきが「隣接異業種」。本業がターゲットとしてきたマーケットの近くにありながら、業種や業態が違うためにこれまで手をつけてこなかった。そんな隣接異業種への展開を試みる。それが、中小企業の新規ビジネスの展開や市場創造にはもっとも適合的なやり方なのではないかと思われます」

松波は教授の話を聞いて、「自分がやろうとしていることは、まさにこれだ」と感じた。と同時に、「自分がやろうとしていることはけっして間違っていないのだ」という確信を得たという。

〝アントレプレナー〟な経営者たち

隣接異業種への挑戦――山口教授のこの言葉で刺激や自信を得たのはけっして松波だけではなかった。当時アントレ会の仲間たちはそれぞれの分野で「隣接異業種への挑戦」を実践し、すでに成果も生み出しつつあった。

例えば、アントレ会では松波の後輩経営者に当たる近藤正人氏もその一人。近藤氏はトラックのカスタマイズ部品の製造・販売を専門とする株式会社アートフレンドの設立者である。いわゆる「デコトラ・ブーム」も手伝って、同社の売上げは創業当初から急拡大を遂げてきた。しかし、その同社も東海地区で八十パーセントという圧倒的なシェアを持つにいたり、またリーマンショックによる景気の落ち込みもあって、二〇〇八年当時は売上げ「一億円の壁」が越えられず、立ちすくんでいた。

その壁を突破すべく、近藤氏は新たな取り組みを開始した。山口教授が主宰する中小企業支援ネットワーク「スモールサン」が配信しているWEBニュース（「スモールサンニュース」）の中で、近藤氏は当時の事情をこう語っている。なお、聞き手は山口教授である。

山口　どんな挑戦をされたんですか。

近藤　中古トラックの販売です。トラックのカスタマイズ部品の製造、販売をやっていたので〝トラック〟については詳しいんですが、部品の製造販売と車そのものの販売・仲介とでは仕事の中身が天と地のように違う。まったくの異業種なんです。実際、両者の間の境界線を越えて事業展開しているケースはほとんど見かけません。

山口　結果はどうでした？

近藤　もともとトラック好きなお客さんばかりを相手にしていたので、中古車販売は急速に売上げが伸びていきました。仕事は全く違っていましたが、考えてみれば対象とするお客さんは同じだった。

山口　私はそういうのを勝手に「隣接異業種」と呼んでいるんです。すぐ隣にマーケットがあるんだけど、仕事が違う。

近藤　嬉しいことに、トラック販売にかかわったことで、既存分野であるカスタマイズ部品の製造、販売の方も再び売上げが伸び始めたんです。

山口　「隣接異業種」への展開が既存分野との相乗効果を生んで、売上げの「壁」を乗り越えさせてくれたというわけですね。

（「スモールサンニュース」二〇一二年十二月号より）

ちなみに、現在近藤氏は、中古トラックの販売については株式会社アートフレンドAUTOという別会社で事業展開している。新旧の会社を合算した売上げは今や十一億円。「一億円の壁」を見事に乗り越え、六年ほどで十一倍の売上げを達成したことになる。従来のカスタム部品の製造販売部門だけでも、現在はおよそ当時の三・五倍、三億五千万円の売上げを誇っている。

アントレ会の仲間たちは、こんな具合に各々が「隣接異業種への挑戦」を試み、次々に成果を上げていった（注）。松波はその先頭を走っていたといって良い。

（注）アントレ会メンバーたちの「新規ビジネスへの挑戦」については、大崎まこと著『〝アントレプレナー〟な経営者たち』（スモールサン出版二〇一四年十二月刊）に詳しい。

――またしても予期せぬ挫折

さて、話を戻そう。

松波が新たに設立した「大須ビューティークリニック」は、予想通り大いに盛況だった。

「多額な投資をしたが、このままいけばすぐに元が取れるだろう」

そう思った矢先、松波はまたしても描いていた計画が頓挫せざるを得ない事態に直面する。

院長が末期の大腸がんで倒れてしまったのだ。

院長は数度の入退院を繰り返した後、長い闘病生活の末に亡くなった。順調に滑り出したビューティークリニックだったけれど、院長がいなくなった以上、「医療機関」としての営業をもはや続けるわけにはいかない。

もちろん、診察のための医師を外部から呼ぶことはできる。しかし、医療機関にはそれとは別に施設ごとの管理医師という存在が必要なのだ。管理医師というのは、院長や所長といった医療施設を管理する常勤の医師を指す。医療機関では管理医師を置くことが医療法によって定められているため、退職など何らかの理由によって管理者がいなくなってしまった場合には診療を続けることができなくなる。

亡くなった院長の息子も医師ではあったけれど、その当時すでに自分で開業していたため掛け持ちをすることはできなかった。院長の闘病中は、派遣の医師を雇って何とか診療を続けていたが、彼が亡くなったことでこれ以上〝医療機関〟として営業を続けることは不可能になった。

――「より進化した美容」を求めて

ここで簡単に諦めないところが松波である。

松波は、医療機関としての「かんばん」は取り下げたものの、大須ビューティークリニックという名前はそのまま引き継ぎ、名古屋市東区にあるイオンのショッピングセンター内に店舗を移して派遣医師を雇うことで営業を継続させた。

松波が「廃業」という選択をしなかったのには、二つの理由がある。

その一つは、「廃業」してしまえば、雇ったばかりのスタッフたちを失業させることになる。それはできなかった。

そして、もう一つの理由は、超音波洗浄機を活用した施術で、「より進化した美容」を追求したいという強い思いがあったことである。

超音波洗浄機を用いれば、水による肌の洗浄と同時に、「イオン導入」という施術が可能になる。化粧品を塗布する通常の美容ケアでは、美容成分は肌の表層で止まってしまう。超音波洗浄機による「イオン導入」を用いれば、美容成分を肌の奥深くまで浸透させることができる。

その際、問題になるのは使用する化粧品である。肌の奥深くまで浸透させようとする以上、肌に悪影響を及ぼす成分が少しでも入っている化粧品は一切使用することができない。肌を再生するのに本当に必要な成分だけを与えることができる化粧品。それが求められる。

それまで「大須ビューティークリニック」では、そんな理想的な化粧品を見つけることができなかったがために、水による超音波洗浄のみを行なっていた。皮膚科医の診療があれば、それだけでも十分に機能していたという理由もある。しかし、医療活動ができなくなった今、それだけでは女性客たちを満足させることはできない。

超音波洗浄機を使った高い洗浄効果と高品質な美容成分の導入。この二つを組み合わせることができれば、美容はもう一歩進化を遂げることになる。「何としても、それを実現したい」。松波のこの強い思いが、「廃業」という選択をゆるさなかったのだ。

とはいえ、理想の化粧品探しは難航を極めた。医療機関ではなくなってしまったことで、それまで付き合いのあった業者からの商品仕入れも難しくなった。

――MTメタトロン化粧品との出会い

松波は八方手を尽くして、新しい商品を仕入れては実験を試みるということを繰り返していた。おかげで、研究の成果は少しずつとはいえ現れはじめた。

たとえば、「大須ビューティークリニック」での新しいメニューとして、ビタミンCのイオン導入やパックによるフェイシャルエステの施術を加えることができた。

これらの新メニューは大きな反響をよび、「大須ビューティークリニック」はさらにもう

MTメタトロン化粧品

一店舗増やすことができた。

しかし、本来望んでいたものにはまだ程遠い。特定の成分だけではなく、肌のさまざまな悩みを解消できるような効果的な美容化粧品を肌に導入することはできないか。「理想の化粧品」を求めて、松波は諦めることなく全国を飛び回った。

そんなある時、一人のスタッフが「松波さんは、『MTメタトロン化粧品』というものご存知ですか」と話してくれた。

皮膚科の医師に勧められたのだというその化粧品は、全国でも数少ない、肌にイオン導入ができる化粧品だという。早速、その化粧品について詳しく調べてみると、すでに全国で六百ヶ所もの皮膚科医院で取り扱われていることが分かった。しかも、取り扱いが皮膚科医に限定されているこの種の化粧品の中では、MTメタトロンはほとんど唯一の、一般流通が可能な化粧品だという。

そのメーカーが美容業界における日本最大級の見本市『ビューティーワールドジャパン』に出展する。そのことを知った松波は、その見本市に出かけることにした。

そこで出会ったのが、MTメタトロン化粧品を製造販売しているMTコスメティクス株式会社の代表取締役社長、中西正敏氏だった。

MTメタトロン化粧品は、美容皮膚科クリニックやエステティックサロンで専売されるスキンケアブランドとして開発されたエイジングケア化粧品。皮膚科で取り扱いがあることからも分かる通り、敏感肌や弱っている肌にも使用できて、肌再生に有効な成分が高濃度で配合されている。

つまり、「肌本来の働きを整える」化粧品なのだ。それはまさに、松波が求めていた理想の化粧品だった。

――理想を共有できる仲間

「ついに探していたものを見つけた」。そう感じた松波は、早速「取引をさせてほしい」と中西氏に申し入れた。

意気込む松波に対し、中西氏はこう問いかけたという。

「弊社との取引を希望されるその〝想い〟を聞かせていていただけませんか」

「乾燥肌を治したいんです」

松波は即答した。

「実は、私の娘はアトピーなんです。安心して使える化粧品は少ないし、過剰に脂を与えるようなものは逆に彼女の肌をさらに乾燥させてしまう。ちゃんと肌質が改善されて、自分の娘にも安心して使わせられる化粧品を私は扱いたい」

それこそ、長年抱き続けた松波の熱い〝想い〟にほかならない。

中西氏の表情が変わった。

「僕の商品のコンセプトはまさにそれなんですよ」


自分と同じ「理想」を追い求めている中西氏と出会ったことで、松波はそれまで思い悩んできた心情を一気にぶちまけた。

化粧品業界の主流に対して抱いていた違和感。「何かが違う」という疑問を持ちながらも、それを口にできないままビジネスを続けていることへの自責の念。扱う化粧品はどれもそれなりに高額なものだ。しかし、お客さんによっては、その価格に見合うだけの肌改善ができていないケースもある。そうした背景もあって徐々にサロンビジネスが衰退し始めているにもかかわらず、イノベーションを起こそうとしないメーカーへの不満。

想いの限りをぶつけ終えた時、松波と中西氏はすっかり意気投合していた。

その頃、松波がCPコスメティクスの代理店として展開していたサロンは三十五店舗以上、しかしそこで扱えるのは当然CP化粧品のみ。MTメタトロン化粧品を扱うとすれば、それが可能なのは「大須ビューティークリニック」のわずか二店舗だけだ。当然のことながら、メーカーへの注文規模は小さくならざるを得ない。通常なら、取引を断られても不思議ではない。

しかし、中西氏が出した結論は違っていた。中西氏はたった二店舗のためだけに、問屋も介さず直接取引をすると約束してくれたのである。

――「ブーム」から「緩やかな衰退」へ

超音波洗浄とMTメタトロン化粧品による「より進化した美容」。松波がこのビジネス展開を急いだのには、もう一つ理由があった。それは、「時代の変化」。

エステサロンを使った化粧品の販売システムは当初のブーム的な「成長期」をすでに終え、いよいよ「安定期」から緩やかな「衰退期」へと移行しつつあった。

たとえば、エステで使用する化粧品をある顧客の専用スキンケアアイテムとしてサロンで預かる「キープシステム」。四品キープすれば、エステ十回分。それを会員価格で使用することができる。以前であれば便利なものとして客に受け入れられていたこのシステムが、若い世代にとっては「サロンに来なければ使えない」という〝拘束システム〟とみなされてしまう。「時代」は明らかに変わりつつあった。

また、友人を紹介することでコミッションが発生する「CPレディ」というシステムも、時代の変化とともに「マルチっぽい」という印象が先立ってしまい、新たな顧客を獲得しにくくなっていた。

そして、松波がもっとも問題だと感じていたのは、こうした状況を変えるための「革新力」を、メーカーから感じ取ることができなかったことだ。

——衰退が生む「歪み」

この松波の懸念は、数字にも如実に現れ始めていた。

それまで松波の会社では、新しくサロンを出店したとき、ベースである既存サロンの売上げに新規サロンの売上げがそのまま上乗せされていた。その結果、もっとも伸びているときで昨年比百五十〜百七十パーセントという割合で売上げ増加が実現できた。

ところが、二〇〇八年頃から、新規に出店しても昨年の売上に対して数パーセントほどしか伸びなくなってきていた。既存サロンの売り上げが年間四パーセント、店によっては七パーセントほども減少し、新規出店でやっとそのマイナス分をカバーしているという状態だったのだ。

こうした状態が続くと、やがては各サロンのオーナーやスタッフの女性たちへしわ寄せが行く。

当時すでにサロン店の収益低下は、かなり深刻化していた。当たり前の話だが、サロンが化粧品を販売してこそ代理店やメーカーは収益を得ることができる。とすれば、各サロンや代理店はもちろんだが、メーカーも自らこうした事態を深刻に受け止め、抜本的な改革を実施していかなければならないはずである。

ところが、実際には必ずしもそのようにはならない。というのは、メーカーや代理店にとって最大の関心事は総売上げであって、個々のサロンの店舗一つ一つの売上げではないからだ。個々のサロン店の売上げが低下しても、新店を増やすことができれば、サロン全体の売上げは確保できる。こうして、個々のサロンのオーナーやスタッフたちの悩みとメーカーや代理店の問題意識にズレが生じることになる。

これは、フランチャイズ組織が往々にして陥る問題だが、サロン方式を展開する化粧品業界においても同様だ。松波が危機感を抱いたのは、まさにこの「歪んだ構図」にほかならなかった。

――残存していた「悪しき慣習」

こうした内部構造の「歪み」に加えて、同業界に残されていた「悪しき慣習」が、サロンの女性オーナーたちを苦しめていた。

販売代理店とメーカーとの間には、当然ながら契約に定められた守るべきルールがある。製薬会社からの転業である松波は、代理店経営者としては後発組みに属する。当然のことながら、契約上のルールこそが「ルール」であった。ところが、古くからの代理店の中には、そうしたルールとは異なる「オリジナルシステム」と呼ばれる慣習にもとづいて経営しているところもあった。

たとえば、何かしらの店でクレジットカード支払いをできるようにする場合、店はカード利用にともなう手数料を負担しなくてはいけない。本来のルールに従えば、その手数料は、メーカーと代理店とで負担することになっている。ところが、古くからある一部の代理店では、「慣習」に従って、手数料を負担していなかった。それでメーカーが全額負担しているのであれば、単なる「お得意さん優遇」と解釈できなくもないが、当時の業界事情に詳しい人物によれば、古株の代理店の中には本来代理店が負担するはずの手数料を、サロンに負担させていた店もあったのだという。

業界通によれば、こういった「オリジナルシステム」の例は他にもあったという。本来は代理店が負担するはずの化粧品配送料をサロン負担にしていたり、研修などの支援を「教育事業」として有料化しているところもあったようだ。また、メーカーが無料で提供しているコンピューターシステムに手を加えて「ソフト開発」をし、サロンから月々数万円というリース料を取るところもあった。サロンスタッフに渡るはずのテスター（試供品）の引き渡しを止め、それを商品として対価をとって販売するといったことも散見された。これによって、サロンによっては酷い場合には年間数十万円という負担を強いられていたケースさえあったという。

サロンの売上げが右肩上がりの時代ならまだしも、停滞ないしは衰退期にはこうした「悪しき慣習」はサロンの収益を圧迫し、サロンのオーナーたちが不満を募らせる原因になる。

――女性オーナーたちの「反乱」

結果として松波がかかわることになったある事件が、こうした「不満」を背景にしたものであったかどうかは分からない。しかし、それが、代理店とサロンのオーナーたちとの「確執」が招いた事態であったことは間違いない。

全国でも上位の業績を収める古参の代理店で、なんと十六名のオーナーたちが一斉にフランチャイズ契約の解除に踏み切ったのだ。当時は、その他にも、全国でも五指に入るという代理店から、一度に九名のオーナーがフランチャイズ契約を解除して他メーカーへ移るという事件も起きていた。松波が関わることになったのは、前者の事例である。

女性オーナーたちが契約解除を決意した理由は、代理店との間で結ばれた契約条件への不満にある。彼女たちはCPサロンを続けること自体は希望していた。しかし、これ以上その代理店の下で仕事を続けていくことは無理だと判断したのだ。

かつてであれば、あるサロンが代理店とどのような契約を取り結んだかといったことを、他のサロンや代理店が知る機会はほとんどなかった。したがって、仮にあるサロンのオーナーが契約内容に不満があっても、他のサロンと比較対照をすることができず、どこでも同じようなものだと理解するほかはなかった。しかし、時代は変わった。SNSやLINEの普及により、あるサロンのオーナーが他の代理店やサロンのオーナーたちと情報交流することが頻繁に行われるようになった。結果として、サロンや代理店ごとで契約内容に違いがあることも認識されるようになる。仮に不満があった場合、「この業界はこういうものだから」と甘んじて受け入れることは難しくなる。

「同じメーカーの代理店なのに格差があるのはおかしい。全国で統一されたシステムがあるのだから、せめて平等にしてほしい」

そう望んだ女性オーナーたちが、連盟で嘆願を出したのがこの事件の発端だった。その「願い」が受け入れられなかったために、十六名のオーナーたちが一斉に契約解除に踏み切るという結末にいたったのだった。

——懸命に働く女性たちが割に合わない思いをするのはおかしい！

松波の会社と契約しているサロンの中に、契約解除に踏み切った十六名の女性たちと懇意にしている女性オーナーがいた。彼女は岐阜にサロンを持ち、松波に育てられ売上全国一位にまでなっている。結果、全国に名が知られるグランドオーナーとなった彼女を中心に、代理店の垣根を越えた女性オーナーたちの交流が生まれることとなった。「代理店による格差」の問題は、こうして女性オーナーたちに知られることになったのだ。

そのグランドオーナーは松波のもとを訪れ、こう語った。

「あの子たちは今の化粧品を嫌になったわけじゃないんですよ。でも、今の代理店のもとでは食べていくことができないんです……。社長、あの子たちを何とか救ってやってくれませんか」

グランドオーナーからこう相談を受けた松波は、「男気」を発揮して彼女たちを助けることを決意した。契約解除に踏み切ったものの「行くあて」がなくなってしまった十六名の女性たちを、自分の会社で全員受け入れることにしたのだ。

「ビジネスには『三方よし』という言葉があります。商売は売り手と買い手がともに満足すると同時に、世間にも貢献できる〝良いもの〟でなくてはならないという戒めです。なのに、メーカーや代理店だけが潤って、末端でそれを支えるサロンの女性たちが食べていけないという状況は明らかに理不尽です」

身を粉にして働き続ける女性を身近に見続けてきた松波にとって、「懸命に働く女性たちが割に合わない思いをする」ということへの強い憤りがあった。女性のためのビジネスでありながら、働く女性たちが苦しんでいるという矛盾。この事件は、それまで松波の中でくすぶっていた想いに火をつけるには十分な出来事だった。

他の代理店からフランチャイジーを奪ったと誤解されないように、松波は彼女たちを直営店の正社員として雇用することにした。彼女たちが給与に見合った売上げを生み出せなければ、損失は松波が背負うことになる。さらに、慎重を期して弁護士も入れて彼女たちとの雇用契約を結び、その経緯をメーカーにも文書で提出した。

――突然の納品停止

「これで彼女たちは路頭に迷わないですむ」

そう安堵したのも束の間、ある日松波のもとへ、当時のメーカー社長が一通の書類を持って訪れた。

「明日から化粧品の納入を差し止めます」

一方的な契約解除通知である。

こんなことが許されるのか。メーカーが代理店に納品を止めれば、代理店は一切仕事ができなくなる。

商品を仕入れできないだけではない。通知のあった翌日にはレジのシステムも使用できなくなった。顧客データすらも見ることができなくなってしまった。店にはまだ客がキープしている化粧品が保管されている。しかし、客が来店しても、受け取った代金を清算することすらできないのだ。

「メーカーは完全にわが社を潰しにかかってきた」

これは歴然とした事実である。

「何らの調査もせず、こちらの言い分を聞こうともしない。たった一通の通知書で一つの会社を消滅させようとしていたんです。こんな理不尽が許されていいのでしょうか」

当時、松波の会社と契約していたサロンは三十五店舗を越えていた。そのオーナーたちはメーカーと直接取引をすることになった。その売上げは当然メーカーの収益となり、松波の会社はこのプロセスから完全にはずされてしまった。

松波のもとに残ったのは、商品の納入が止まり営業すらできない直営店、わずか四店舗のみ。忌まわしい放火事件も乗り越え、当時メーカーと二十五年以上取引をしている代理店の中で、常に前年比プラスの売上げを続けていたのはほとんど松波の会社だけだった。その会社がたった一通の通知書で、たったの一日で消滅の危機へと追いやられてしまった。

「波乱万丈」とはまさにこのことを指すのだろうか。

――メーカーの「誤解」

松波のような後発の代理店と、古くから契約している大きな代理店との間ではサロンとの関係にも大きな「格差」がある。この「格差」が、契約解除に踏み切ったオーナーたちの不満の源泉にほかならない。とすれば、本来はこういった「格差」の実態を調査し、それが問題化しないように調整・指導するのがメーカーの役割のはず。ところが、メーカーはそうした役割を果たすどころか、そのオーナーたちを正社員として受け入れた松波に対し、一方的に「納品ストップ」を宣告してきたのである。

「古参代理店のオーナーたちを扇動して反乱をおこさせた」――メーカーは事態の推移をこう解釈したのだ。

これは明らかに誤解だ。しかし、今回の処置が、単なる「誤解」が招いた結果といえるかどうかは疑わしい。もし、そうだとしたら、関係者へのヒヤリングを進めれば、おそらく早期にその「誤解」も解けたはずだからだ。

そこには、全国でも上位の業績を収める古参の代理店と、売上げを伸ばしているとはいえ松波のような後発の代理店との間に存在していたメーカーへの影響力の違いがあったのではないだろうか。

メーカーとしては前者の発言力を重視せざるを得なかったのではないか。そうでなければ、ヒヤリングなしに一方的に松波に「納品停止」の宣告をするということもなかったと思われるからである。

他方の松波は、先にも書いたように、「ものが言える経営者」になろうとアントレ会で磨きをかけてきた。それは見方を変えれば、「生意気な経営者」とも受け取られかねない。

いずれにしても、突然の納品停止で、松波は一日にして倒産の危機に直面することになったことは間違いない。

――「何のための会社経営なのか」

「大変な状況になってしまった。そう思いはしましたが、それでも、自分が行なったことに〝後悔〟はまったくありませんでした」

松波はそう言い切る。

この一件で松波が失ったものは多い。しかし、この事件が彼に突きつけた「問題提起」

は、その後の経営者としての彼の生き様を決定づけるほどに大きな意味を持つものだった。

それは、「何のために会社を経営するのか」という問題提起だ。

結果的に会社を危機に陥れることになった女性オーナーたちの受け入れ。この行為が「間違っていなかった」と確信できたのは、そもそも松波の会社は「そうした女性たちが活躍できる場を与えるためにこそ存在しているのだ」と彼が考えていたからにほかならない。

振り返ってみれば、これまでの人生で、松波はいつも「誰かのため」に頑張ってきた。父や母の生活を守るために、進学を断念して夜の街でカラオケ機器の販売に精を出した。製薬会社への就職を決めたのも、早く母親を安心させたかったから。製薬会社で営業をしていた頃は、山脇支店長が喜んでくれることが何よりも嬉しくて働き続けた。バージャー病という難病に侵されてもなお働き続けてこられたのは、何があっても自分は家族を守るのだという強い気持ちがあったからだ。

「彼らがいなかったら、私はどこかでドロップアウトしていたと思います。グレて人の道を外れてしまう可能性もあったし、絶望して生きることを諦めていたかもしれない。『大切な人のために』という想いがあったからこそ頑張れました。その人たちを裏切るようなことは絶対にできませんでしたからね」

行き場を失った女性オーナーたちに「活躍の場」を与えたい。そう考えて行なった選択なのだから、それを「後悔」するようであれば、そもそも会社を経営している意味が揺らぐことになる。

懸命に働く女性が割に合わない扱いを受けないように、またそれに抗議した女性が活躍の場を二度と奪われることがないように、自分は会社を存続させなければならないと、松波は再建に向けて勇気を奮い立たせた。

まだ言葉にこそならなかったが、松波はすでにこの時に「女性の自立を支援することこそ自分の〝天命〟なのだ」と感じ始めていたのだった。

――MTサロンへの業態転換

CPコスメティクスの契約代理店としてのサロン展開、そして「大須ビューティークリニック」での超音波洗浄とMTメタトロン化粧品を使った施術。松波がこの二つの事業で発展していこうと考えていた矢先に起きたのが、CPコスメティクスからの納品停止だった。

二十五年という歳月をかけて広げてきた三十五店舗を超えるサロンは、すべてメーカーの直営店として召し上げられてしまい、そこからの売上げは一切松波のもとへは入ってこない。唯一残された直営の四店舗はとても営業などできるような状況ではない。何しろ商品もなければ、システムすら動かないのだ。

わずか二店舗の「大須ビューティークリニック」が、辛うじて会社全体を支えている状態となった。すぐに倒産しても何の不思議もない状況だった。

しかし、それまで松波が積み重ねてきたものは、けっして彼を裏切らなかった。

メーカーから納品停止の連絡があった翌日、話を聞いたＭＴコスメティクスの中西氏が東京から駆けつけてきてくれたのだ。

「これからどうするのか」と尋ねる中西氏に、松波は一から出直したいと答えた。メーカーと和解できれば再び代理店として復活する日も来るかもしれない。しかし、仮にそうなったとしても、また同じ代理店として、あたかも何もなかったかのように同じビジネスを続けていく気持ちにはどうしてもならなかった。

すると、中西氏がこう言った。

「松波さん、今こそ中小企業連携をやりましょう！」

中西氏のこの言葉に、松波は大いに勇気づけられた。

「なんとありがたいことか」――そうは思えども、ほぼすべての売上げがふっ飛んでしまったのが松波の現在の会社だ。差し伸べられた救いの手に軽はずみに頼ってしまえば、中西氏にも迷惑をかけることになりかねない。

「ありがとうございます。でも、今うちと組むのは危ないですよ」

当時の松波はそう答えざるをえなかった。

「いや松波さんならできますよ。僕はどんな協力もします」

こう中西氏は断言したのだ。

MTコスメティクスは全国の美容クリニックやエステサロンに自社の化粧品を販売していた。しかし、それまで〝専売サロン〟を展開するというやり方はしていなかった。

中西氏はその時、松波にこう提案したのだ。

「『MTサロン』という形で〝専売サロン〟を全国展開しましょう。その全権を松波さん、私はあなたに委ねます」

会社消滅の危機にある松波に、自社製品の「専売サロン」の運営をすべて委ねるというのだ。

松波も覚悟を固めるほかはない。彼は、社名を「ｏｎｄｅ株式会社」と変更し、直営の四店舗と「大須ビューティークリニック」の二店舗、計六店舗でＭＴサロン事業をスタートさせた。

これは、どんな状況にあってもひるむことなくしたたかに学び続け、けっして歩みを止めなかったこと、そして、常に人とのつながりを大切にしながら未来を見据えて新たな挑戦を試みてきたこと、そんな松波の生き様が実を結んだ瞬間でもあった。

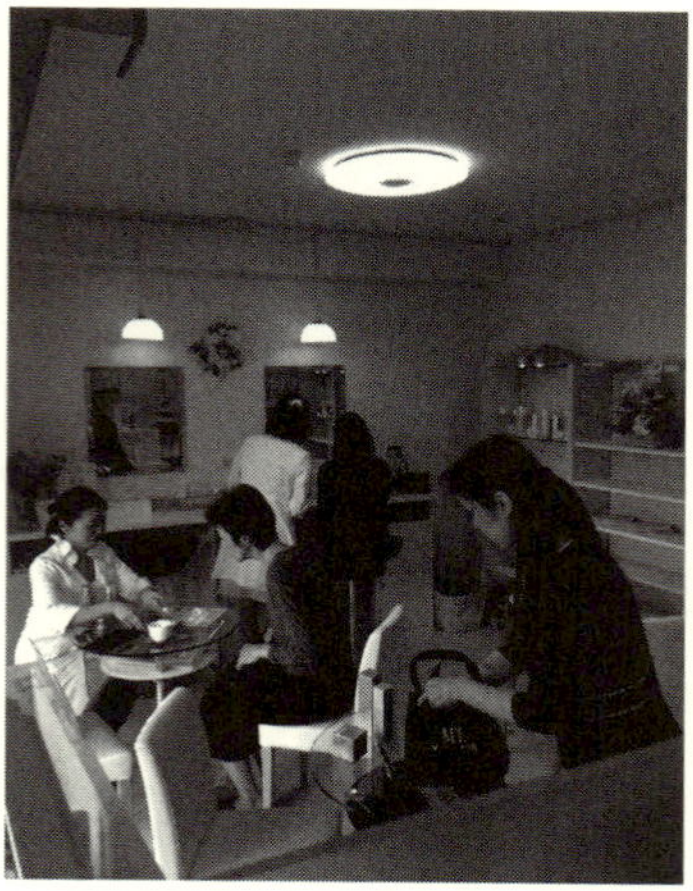

ＭＴサロンでのカウンセリング風景

第五章

ビジネスに「社会的使命」という〝魂〟を入れる！

――和解直後に襲った心筋梗塞

「パパ！　パパ！」

そう何度も呼び掛ける娘の声で、松波は目を覚ました。

見上げているのは病院の白い天井。傍らに目を向けると、娘の他に妻と母も心配そうに松波を見下ろしていた。意識がはっきりしてくるにしたがって、松波は少しずつ自分の置かれている状況を理解していった。

ＣＰコスメティクスからの納品停止が七月、その後すぐメーカーを相手取った裁判が開始された。相手方との話し合いは半年におよび、ようやく和解が成立したのは、年末も近い十一月十三日だった。

「これで肩の荷がおりた……」

そう感じたその日の夜、松波は心筋梗塞を起こし、救急車で病院に担ぎ込まれたのだ。

目の前が一瞬にして暗闇となり、気がついたときには病院のベッドの上。

心筋梗塞で倒れたこと、手術はすでに終わって今ようやく目が覚めたこと。そこまで理解できてやっと、「ああ自分は助かったんだ」と感じたという。

――成功することで「正しさ」を証明する

難病を抱えながらも数々の困難を乗り越え、ひたすら走り続けてきた。松波の体はすでに悲鳴を上げていたにちがいない。緊張を強いられた裁判がやっと幕を下ろして、ほんのわずか気が緩んだ隙をついて病魔が襲いかかった。

そろそろ休んでもいいのではないか――とは、松波は思わなかった。

「むしろ、その後『人が変わったみたいによく働くようになった』と言われるんですよ。三途の川でも見ていれば、ドラマチックだったんでしょうけどね」

松波は笑いながらそう語る。

突然の「納入停止」で松波の会社は多大な損害を被った。当然のことながら、メーカーとの和解によって事業を清算することもできた。あとは無理をせず自分の体を労わりながらのんびり生活していく。そんな選択肢もないわけではなかった。

「でも、ここで辞めちゃったら馬鹿みたいでしょう。今まで〝正しい〟と信じて貫いてきた自分の生き方が本当に〝正しかった〟のかどうか、まだ結論が出ていないんですから。その正しさは、今のビジネスを成功させることでしか証明できない。だから、リタイヤなんてありえないですよ」

たしかに、メーカーとの裁判は和解という形で決着がついたけれど、だからといってサロンの女性オーナーたちの苦労が報われたわけでない。彼女たちに「活躍の場」を与えたいと思って行動を起こしたことが、今回のメーカーとのトラブルの出発点だった。だとすれば、きちんと「活躍の場」を与えることができてはじめて、自分の選択の正しさが実証できる。松波はそう考えたのだ。

「心筋梗塞で死にかけた自分が、今こうして生きている。これは、神様が『松波、お前にはまだやることがあるだろ』と言ってくれている証しだ。そんな風に強く感じたんです」

――「信念の経営」

体調も回復したので、松波は久しぶりにアントレ会に出席した。仲間たちが松波の復帰を心から喜んでくれたことが何よりも嬉しかった。

そんな仲間たちとの雑談を楽しんでいると、やがていつものように山口教授の講義が始まった。

「〝信念の経営〟——今日はこのことについて、少し時間をかけてお話したいと思います」。

山口教授がこう切り出したのは、城南信用金庫の当時の理事長、吉原毅氏の生き様とその経営についての話だった。山口教授は自ら同金庫に出向いて、吉原氏に直接インタビューをしてきたのだという。

「私がなぜ吉原氏にインタビューを申し込んだかというと、そこには二つの理由がありました。

その一つは、吉原氏は、四年前の二〇一〇年に当時独裁的権限を持っていた同金庫の相談役とその娘婿である理事長を解任するという『大クーデター』を成功させて自ら理事長の地位に就いたんですが、この政変劇の背後には一体何があったのか、それを本人から直接聞いてみたいと思ったからです。

そしてもう一つは、東北大震災を機に城南信用金庫は金融機関としては珍しく『脱原発宣言』を出し、その後吉原氏自身も『脱原発』のオピニオンリーダーとなって社会的発言を堂々と行なっているんですが、これも相当の覚悟を要することですから、なぜそこまでやるのか、またやれるのか、ご本人の考えをぜひ聞いてみたいと思ったからです」

城南信用金庫といえば、預金規模三兆数千億円を擁する業界第二位のメガ信用金庫。そんな金融機関のトップがかくもユニークな人物だったとは、松波はまったく知らなかった。

「インタビューを経て見えてきたこと、それはこの二つの事柄の背後には『ある一つの共通するもの』があったという事実です。それは何かというと、『信用金庫はかくあるべし』という吉原氏の強い〝信念〟。この〝信念〟がクーデター劇にも、『脱原発』発言にも貫かれている。今日、私が〝信念の経営〟というテーマを掲げた理由もそこにあります」

――コーリン(天命)

松波は、教授の話に徐々に釘付けにされていく自分を感じた。

「二〇一〇年のクーデターの背後に何があったのかという私の問い対する吉原氏の答えはこうでした。

信用金庫とは、地域経済に金融面から貢献するという〝社会的使命〟を担う協同組合だ。

そうである以上、この社会的使命感こそが金庫職員たちの共通のモチベーションでなければならない。

ところが、当時の城南信金はこれとは真反対の道を歩んでいた。独裁的権限をもっていた相談役が『信賞必罰』と称して思うままに職員の出世を左右し、マネーモチベーションと出世主義に取り付かれた職員たちはこの相談役に尻尾を振ってついていく。それが当時の構図だった。もちろん中にはそんな金庫の現状に疑問を抱く職員もいたが、相談役の『仕返し』が怖くて何も言えないでいた。

城南信金が本来の理念に立ち返り、その社会的使命を果たしていくためには指導部を一掃する以外にない。そう判断した吉原氏は、役員一人ひとりを丹念に説得して回った。そして、二〇一〇年十一月十日、不退転の決意をもって定例役員会の場でこう発言したそうです。『理事長の解任動議を提案します。常任相談役も一緒にお辞めいただきたい』と」

教授によれば、その役員会で、吉原氏は十二人の理事のうち九人の賛同を得ることができ、理事長とその義父である相談役の解任動議が可決された。

その後、吉原氏は自ら理事長となったが、就任と同時に理事長の年収を大幅に引き下げ、支店長の平均以下の千二百万円とした。さらに全役員の定年を六十歳と定め、自分も含め役員として長く居座ることのないようにルールを変更した。そんなドラスチックな改革を押し進めながら、城南信金を大きく生まれ変わらせてきたのが吉原氏の経営だったのだと教授はいう。

さらに、教授はこう続けた。

「吉原氏によれば、『みんなの幸せが自分の幸せ』というのが協同組合の基本的な考え方、アイデンティティーだ。原発事故で多くの人たちが不幸に陥れられた現実から目を背けていたら、信用金庫はこのアイデンティティーを失うことになる。自分たちはどう考え、どう行動すべきなのかと、いろいろ考えて出した結論が『脱原発』宣言とそのための具体的な行動だった」

そして、松波が「雷に打たれたような気持ちになった」という一つのキーワードが教授の口から発せられた。

「私は、吉原さんが言ったある言葉が強く印象に残っています。それは、〝コーリン(Calling)〟という言葉。私はこれに〝天命〟という日本語をあてたいと思うのですが、彼はこんな風に話してくれたんです。

自分が信用金庫に勤め始めてから、上司や先輩あるいはお客様から何度も聞かされてきた言葉がある。それは『使命』という言葉だと。ただし、この『使命』というのはけっして社長とか上司とか、そういう上の人の命令に従うことではない。自分たちが従うべきはコーリン（Calling）、つまり〝天命〟なんだと。そして、その〝天命〟に応えようとして一生懸命頑張ろうとする心、それが〝信念〟なんだと彼は言うんです。これはなかなかの卓見だと思うのですが、皆さんはどう思いますか」

――自分に下された〝天命〟とは

「コーリン、天命。コーリン、天命……」

教授の講義が終了した後も、松波の頭の中をこの言葉がぐるぐると回り続けた。

心筋梗塞で倒れ、手術によって九死に一生を得た時、たしかに「自分は『生かされている』のだ」と感じた。

その時、「神様が『松波、お前にはまだやることがあるだろう』と言ってくれている」ようにも感じた。

では、神が自分に下したコーリン（天命）とは、一体何なのか。

それを見定めようと、松波は懸命に思考した。

ハッピーリタイアを自ら拒否して、再び取り組んだビジネス。そのビジネスを通して、自分はどんな使命を果たそうとしていたのか。それは、代理店との契約をキャンセルして松波のところにやってきた女性オーナーたちに、新たな「活躍の場」を与え、彼女たちが経済的に自立できるようにすることだった。

「そうだ、女性の自立支援、これこそが自分に与えられたコーリン、天命なのだ」

振り返ってみれば、松波の周囲には常に〝働き続ける女性〟の姿があった。

父親の会社が傾き、青春を謳歌する友人たちを尻目に夜の街でカラオケ機器を売り歩いた高校時代、世をすねていなかったと言えば嘘になる。それでも道を踏み外さなかったのは、不満のひとつもこぼすことなく、働き続ける母親の姿があったからだ。

どんな困難も自分の力で突破しようと悪戦苦闘する松波の隣には、常に妻の姿があった。「家族の将来が見えない」と夜中に突然泣き出したこともあった妻静枝。それでも彼女は、松波を襲った困難のすべてを彼とともに受け止めて、ともに働き続けてきてくれた。

そんな彼女たちに支えられてきた松波だからこそ、「このままでは食べていけない」と訴える女性オーナーたちを見捨てることはできなかった。

「女性の自立支援」――これこそ自分に与えられた〝天命〟に違いない。この「感覚」はやがて強い「確信」となって、松波のその後の人生のありようを決定づけたのである。

――天命を知れば、「やるべきこと」が見えてくる

自分に与えられた〝天命〟を知れば、「やるべきこと」も鮮明に見えてくる。

松波は、すぐさま行動を開始した。

やるべきは、何よりもまずビジネスの再開だ。メーカーとも和解し在庫の返品等により戻ってくる資金は、すべて新業態であるMTサロンの展開に投資した。事業再生計画書を作成し、取引のある金融機関すべてに提出した。

とはいえ、これから展開していくべきMTサロンはゼロからのスタート。たとえば、それまでのサロンで使用していたコンピューターシステムも使えなくなるため、資金を投じてまずは新たなシステムを開発しなくてはいけない。

松波はアントレ会の仲間のシステム開発会社と連携し、「このソフト自体がお金になりますよ」と言われるほどのシステムを作り上げた。

しかし、目的は女性の自立支援。松波は、このシステムをすべてのサロンが無料で使用できるようにした。それだけではない。顧客がクレジットカードを使用した場合にカード会社に支払わなければならない手数料も、サロンではなく、すべて代理店が負担することにした。

さらに、サロンの女性オーナーに対する教育のシステムも、「これ以上のものはない」と思われるほどに徹底的なものに仕上げた。女性たちに自立してもらうためには、それぞれが専門家になってもらうことが不可欠だからだ。

美容専門学校で行うようなフェイシャルトリートメントやメイクアップなどの技術研修は当たり前、商品研修では医者とでも対等に話せるように肌理論から徹底的に学んでもらうことにした。

オーナーが認定証を取得して独立しても、もちろんそれで終わりではない。スタッフも参加する研修を毎月一度は必ず行って、オーナーからスタッフまで同じ技術と知識を身に付けてもらう。研修には製造元の社長である中西氏にも登壇してもらい、一から化粧品の使い方や効能、肌改善の理論を徹底的に教授してもらうことにした。

「商品を売るためには自分が誰よりも商品のことを知っていなくてはいけない。製薬会社

全国の女性オーナーたちが集まるオーナー会議

時代に、私が身を持って学んだことです」

「簡単に覚えられます」というような研修では意味がない。なぜ効果があるのか、どうすることで効果をより高めることができるのか。隅から隅まで知り尽くすことで、自信を持って人に勧められるようになる。

――自立した〝経営者〟を育てる

サロンの女性オーナーたちには、専門の技術者としてだけでなく、経営者としての能力も身につけてもらわなければならない。

経営者として必要な会計知識、事業計画書の作り方などの経営講座を実施しただけではない。金融機関を相手にしたプレゼンや交渉テクニックまで教えていく。実際に借入することになれば、金融機関に松波も同行し、実践指導した。

毎月の『オーナー会議』も数字を報告するだけの会議にはしない。松波自身も壇上に立って、アントレ会などで学んだ知識をそのまま女性オーナーたちに教えていく。顧客創造、人材育成、その他の経営者に必要な考え方や自分たちを取り巻く経済状況の把握など、オーナーたちが〝経営者〟になるために必要な事柄はことごとくテーマとして取り上げた。

結果的には、当初の計画を実績が上回るということが続き、MTサロンは目覚ましいテンポで成長していった。

――ビジネスに「社会的使命」という〝魂〟を入れる

「ビジネスは、それに『社会的使命』という〝魂〟を入れることで初めて、多くの人々の共感が得られ、社会に受け入れられることができる。また、そうなってこそ、そのビジネスは地に足が着いた『確固たるもの』になる。私はそう思うんです。

経営者一人一人が、何を〝天命〟と感じ、どんなビジネスに、どのようにして『社会的使命』という魂を入れていくか。短期的な利益を追い求めるだけでなく、そういうことに思いを馳せながら、日々『信念の経営』を実践していく。変化の激しい時代だからこそ、今そんな経営者が求められているように思うのです。そしてまた、そういう経営者がきちんと報われる社会にしていくことも必要です。私も学者として、またスモールサン主宰者としてそういう社会づくりに貢献したい。それが私に与えられた〝天命〟だと思っています」

山口教授は先の講義をこう締めくくったという。

松波は、「山口教授の講義からは多くのことを学ばせてもらいましたが、これはもっとも感銘を受けた講義でした」と、当時の印象を語っている。

——広がる〝共感〟の輪

「ビジネスは、それに『社会的使命』という〝魂〟を入れることではじめて、多くの人々の共感が得られ、社会に受け入れられる」——これは、その後松波自身が身をもって得た「実感」でもある。

最初は直営四店舗のみだったMTサロンは、瞬く間に五十店舗を超えるまでに拡大した。

北は北海道から南は沖縄まで、まさに全国展開だ。

かつてCPコスメティクスの代理店として二十五年かけて積み上げたのが三十五店舗。その実績を、わずか二年足らずで追い抜いたことになる。

なぜ、これほどの急拡大が実現できたのか。それはまさに「女性の自立を支援したい」という松波の想いに、多くの人たちが〝共感〟してくれたからにほかならない。

この「共感の輪」をさらに広げようと、現在も松波は日本中を飛び回っている。下半身に健常者の十五パーセントの血液しか流れないバージャー病を抱えながら、全国を行脚することはけっして容易いことではない。しかし、彼は目を輝かせて、こう言うのだ。

「これまでの人生で、今が一番働くことを楽しんでいます」と。

――女性たちの主体的参加

こうして〝天命〟に裏打ちされたMTサロンのビジネスは、スタッフはもちろんオーナーや代理店経営者など、松波の想いに共感した多くの人たちの手によってどんどんとその輪が広がっている。

それを証明するのが、スタッフやオーナーたちによる「紹介」の多さだ。

ある日松波は、サロンのオーナーから一人の女性を紹介された。彼女の年齢は六十歳。長らく別の化粧品会社のフランチャイズでサロン経営をしていたのだが、病気をしたのをきっかけに売上げが下がってしまい、代理店から辞めるよう勧められたのだという。

「三十代の若いオーナーがいますから、そちらに売却してしまった方がいいでしょう。先方も歓迎していますよ」

イキイキと働く女性スタッフたち

そう勧められて、呈示された売却額はわずか三百万円程。引き継ぎを兼ねて一年間は働けると言われたものの、それも時給千円という条件だったという。
そんな低条件で働くように言われても困惑するしかない。しかし、生活のためにはまだ働き続けていかなければならない。
困り果てていた彼女を見かねて、既にMTサロンでオーナーをしていた彼女の友人が松波のもとへ連れてきたのである。

「松波さん、六十歳じゃ駄目でしょうか……」

松波の顔を見て、開口一番彼女はこうたずねたという。

「何を言っているんですか。むしろ大歓迎ですよ！」

そう言って松波が勧めたのが、ＭＴサロンの中でも『グランサロン』と呼ばれる店舗。五十歳代以上の女性をメインターゲットとしたシニア向けサロンだった。

そもそも女性が美しくなりたいと思うことに年齢制限など存在しない。近年は五十～六十歳代の女性たちの美容に対する意識が、ますます強くなってきている。ところが、そんな女性たちが通うサロンには若いスタッフばかり。「悩みが通じるスタッフがいない」と、不満をもつ女性客は少なくない。

その点、同年代のオーナーが経営しているサロンなら、そうしたお客さんも足を運びやすくなるし、悩みの相談もしやすい。グランサロンはまさにそうした問題意識のもと、松波が創設したサロンである。グランサロンでは、肌の悩みに対応するものだけでなく、「肌の若返り」を実現するための独自メニューも用意していた。顧客の中には、親子で来店する女性客も多いという。

その後、松波を頼ってきた女性は、グランサロンをオープンした。後日、その彼女がまた友人の女性を松波のもとに連れてきた。こうした女性たちの「主体的な参加」が、共感の輪をさらに広げる原動力になっている。

――美容業界の原点

こうして紹介される女性たちの中には、シングルマザーも少なくない。女性が女手一つで小さな子どもを育てながら働こうとすると、日本の現在の職場環境はかなり冷たい。

しかし、そんな女性であっても、十分なサポートを得て自分の店舗を持つことができれば状況は変わる。

「昔の日本では、一階が店舗、二階が居住スペースになっていて、母親と子どもが互いの気配を感じながら生活している家庭がたくさんありました。たとえば三十年前の美容院なんかがそうです。子どもが学校から帰ってきたら『おかえり』と言って迎えてあげられる。仕事の合間に二階へ上がって、おやつや食事の用意をしてあげられる。

働くすべての女性たちが輝くために

子どもに自宅で一人留守番させたりしなくても、階下に母親がいる安心感の中で子どもが生活できる。それが女性の職場である美容業界の原点だった。私は今の日本でそれを復活できないかと模索しているんです」

どんな状況の女性であっても、社会の一員として自立できること。

懸命に働く女性たちが、女性であるがゆえに不利を背負わされることがないこと。

働きたいと思っている女性たちが、六十五歳まで安定して働き続けられること。

こうした環境づくりに自社のビジネスをもって貢献する――それが、松波が度重なる苦難を経ることで知った〝天命〟なのだ。

「私は今五十二歳です。この歳で自分の〝天命〟といえるものが見つかったのは本当に幸運だと思っています。この先まだ十年以上働けますし、それがあるからこそ『頑張って長生きしようかな』と素直に思えるんですから」

エピローグ

〝自立〟の連鎖

「今が一番純粋な気持ちで仕事ができていると思います」

これは、本書のための取材をする中で出会ったMTサロンのある女性オーナーの言葉だ。以前は別のメーカーの下でサロン経営をしていたが、その頃とはまったく違うという。

「勉強の仕方から違うんですよ。以前のオーナー会議ではまず売上げの高い店舗が表彰されて、その販売テクニックを聞いて『どうやったら売れるのか』を考えるというのが通常のパターンでした。

でも、今はまったくの別物といっていいですね。松波社長自ら毎月異なるテーマで〝経営〟について語ってくださいますし、メーカーの社長も直接来てお話ししてくださいます。ただ売上げ向上のためのノウハウを学ぶというのではないんですよ。何と言うか、もっと〝心〟がこもっていて、皆さんの〝熱〟を感じるんですね、もちろん、その分大変なんですが、でも楽しいんですよね」

こう語る彼女は、現在MTサロンを二店舗経営している。そして、そのサロンに行くと、彼女と同じようにイキイキと働く女性スタッフたちの姿が目に入ってくる。松波の経営す

その想いが共感を呼び、仲間達へ受け継がれていく

るｏｎｄｅ株式会社では毎月一度スタッフ向けの研修が開かれ、肌や化粧品、施術のことを基礎から勉強している。それもまた、スタッフたちの働き甲斐につながっていると彼女は言う。

「売るためのトークをしなくても、自信を持って商品の説明をすることが一番の販売促進になる。こういう姿勢が貫かれているから、仕事をしていても気持ちがいいんです。私もスタッフさんたちの楽しそうな顔を見ることが、以前よりすごく多くなりました」

そう言って、彼女もまた楽しそうに笑う。

こうしたスタッフの中からまた女性オーナーが生まれる。彼女たちが自立した経営者になることでその地域で女性の雇用が増える。そこから、またオーナーが生まれる。松波社長の言う「〝自立〟の連鎖」を生むための仕組み、それが今全国で花開き始めている。

――受け継がれていく〝想い〟

また、松波の自立支援は必ずしも女性に対するものだけではない。

現在、ｏｎｄｅ株式会社の取締役の中に、小関剛史氏という人物がいる。彼は自分の事務所を持っている税理士だ。松波が大須ビューティークリニックを始める際に立ち上げた会社に取締役の一人として参画した。その後、ｏｎｄｅ株式会社に社名変更した際に、本社の取締役となった。

小関氏と松波社長との出会いは十年ほど前。愛知中小企業家同友会で出会った。当時税理士として独立したばかりだった小関氏は、まだ自分が「経営者だ」という感覚を持てずにいたという。そんな時、松波に連れられて社内会議にまで参加させてもらうこともあった。「ナマの経営」を教えてもらったのだと小関氏は言う。

「松波社長自身が、自分の語る『顧客創造』を体現されている姿を見て、経営の根本とは何かを学びました。『経営者』として自分がどうあるべきかを意識できるようになったんです」

そんな小関氏は今、松波氏とともに精神障害者の就労支援活動を行なっている。

「生きている以上、誰もが働かなくてはいけません。女性の自立支援をする松波社長を見ていて、私もそういった支援をしていかなくてはいけないと感じたんです。自分の会社が潤うことだけではなく、人のこと、地域とのこと、社会のことを考えなくてはいけない。経営者はそうあるべきだし、経営者がそうあってこそビジネスもうまくいく。松波社長はご自身の背中でそれを教えてくれました。やってみると大変ですけど、『自分たちがやらなくては』という思いで頑張っています」

障害者雇用は、松波も積極的に取り組んできた課題だ。難病を抱える松波自身が「障害者手帳」を持つ身でもある。

「自立支援」という松波の社会的使命感は、今さまざまな形で受け継がれつつある。

――神様のプレゼント

「最近、嬉しいことがあったんです」

本書のための追加取材で、松波の会社を久しぶりに訪れた際のことだ。

「嬉しいことって、何があったんですか」

「娘がサロンに通ってくれるようになったんです」

かつては松波がどれだけ勧めても、娘がサロンに来ることはなかったという。彼女が友人を連れてくることも一度もなかったし、「絶対に会社は継がないから」と宣言さえされていたのだという。

「正直とても寂しかったですね。自分がやっている事業が子どもに理解してもらえないわけですから。でも今振り返ると、娘は娘なりの視点で、私の生き様やビジネスをチェックしていたのかもしれません。どこか納得がいっていないところがあったんでしょうね」

「その娘さんがサロンに通って来てくれるようになった、と」

「そうなんです。MTサロンを始めてからは通ってくれるようになりました。友人もたくさんサロンに連れてくるようになったんです。これは本当に嬉しかった」

「それはね、社長。〝天命〟を全うしようと一生懸命頑張っている社長の姿を見て、神様が〝素敵なプレゼント〟をくれたんですよ、きっと」

——その時、私は心の中でこうつぶやいたのを覚えている。

スモールサン出版の本

〝アントレプレナー〟な経営者たち

1人の学者と20人の経営者が切り拓いた
新規ビジネスと中小企業運動

大崎 まこと

中小企業経営者の矜持が、誇りがここにある。

アントレプレナーシップ——起業家精神と訳されることの「外来語」を名前に冠している中小企業経営者たちの勉強会がある。

異業種交流の場で鍛え合い「隣接異業種」へ挑戦。

中小企業の「怒り」を「智恵」に変え、金融行政にも変化を与えた「金融アセスメント法」制定運動。

1人の学者と20人の経営者が切り拓いた新規ビジネスと中小企業運動を描く。

CONTENTS

第1章 **5%の挑戦**
アントレプレナーな経営者たち

第2章 **民主主義を体感せよ**
「金融アセスメント法」制定運動で何が見えたか

第3章 特別座談会 **〝魂〟が繋がった時**
アントレ会の歴史

第4章 **学者を変えた経営者たち**
山口義行立教大学教授が語る「私とアントレ会」

定価（本体価格1500円＋税） 四六判（128×188mm） 並製 224頁 ISBN978-4-86487-308-6 C2034

著者紹介

大崎 まこと（おおさき まこと）

日本の産業を根底から支える中小企業とその経営者たちに強い興味を持ち、中小企業の情報発信を目的に現場レポートを専門分野として活動している。
著書に『〝アントレプレナー〟な経営者たち 1人の学者と20人の経営者が切り拓いた新規ビジネスと中小企業運動』（三恵社）がある。

コーリン

女性の自立のために… ある経営者の軌跡

2016年7月4日 初版発行

著 者 大崎 まこと
定 価 本体価格 1,500円+税
発 行 スモールサン出版
〒170-0013
東京都豊島区東池袋2-1-13 第5酒井ビル2階
TEL 03-5960-0227 FAX 03-5960-0228
E-mail info@smallsun.jp
URL http://www.smallsun.jp
発 売 株式会社 三恵社
〒462-0056 愛知県名古屋市北区中丸町2-24-1
TEL 052-915-5211 FAX 052-915-5019
URL http://www.sankeisha.com

ISBN978-4-86487-537-0 C2034 ¥1500E